新时代韩日合作
七大核心课题

이 도서의 국립중앙도서관 출판예정도서목록(CIP)은 서지정보유통지원시스템 홈페이지(http://seoji. nl.go.kr)와 국가자료공동목록시스템(http://www.nl.go.kr/kolisnet)에서 이용하실 수 있습니다. (CIP제어번호: CIP2016025327)

新时代韩日合作
七大核心课题

韩日新时代共同研究项目

한울
아카데미

序言

　　《韩日新时代共同研究项目》报告书自提出以来已逾三年有余。第二期委员会在2011年12月于东京召开第一次全体会议，至2013年2月16日在首尔举行了最终报告会。其间举办了包括最终报告会在内的两次全体会议和四次小组会议。现将经过上述会议讨论的成果作为第二期委员会的报告书提出。第一期委员会把韩日新时代定义为"两国密切合作构筑共生复合网络的时代"；为"继续努力在历史问题上达成共识，同时进一步发展目前的密切合作关系，共同规划未来"，将两国的过去、现在和未来"有机、连续地"看待；在韩日关系的理解上也"不仅局限于两国关系"，而试图以"具有展望韩半岛及东亚，乃至全球秩序的复合视角"审视。现在，我们强烈希望2015年韩日建交五十周年能够迎来面向未来的新时代。

　　鉴于上述观点，第二期委员会具体探讨了新时代韩日合作的核心课题，选定了七大领域如下：① 知识·文化·媒体领域促进交流；②人际网络的形成；③东亚复合安全保障秩序的构筑；④核能安全与能源合作；⑤环保合作；⑥东亚共生经济秩序的构筑；⑦复合共生技术合作。

尽管距离第一期报告书提出仅过三年有余，其间围绕韩日两国的国际环境却发生了巨大的变化。希腊金融危机引发了欧洲信用危机，随后2011年发生了东日本大地震、泰国水灾，2012年夏秋季中国爆发了大规模反日示威，韩日关系也经历了不少紧张时期。同时，去年年末开始朝鲜、中国、美国、日本、韩国均进行了最高领导人的交替。而且2012年年末朝鲜发射了主张为"人工卫星"的远程导弹，2013年2月又强行实施了核武器小型化试验。所有这一切都对东亚的政治、经济、安全带来了重大影响，也成为重组国际体系的促进因素。

试举一例，得到东日本大地震、泰国水灾、中国反日示威的促进，加上日本的经济环境，即日元升值、高法人税、电力成本、经济自由化的延迟等原因，最近部分日本企业开始将高性能材料或零部件生产开发基地转移至韩国。韩日两国不仅产业结构上接近，跨越国境的业内水平分工也正在快速发展。换言之，第一期报告书上建议的韩日"复合共生网络"首先在经济领域成为了现实。

在国际政治领域，中国急速大国化与朝鲜的核武器、导弹开发对韩日关系发挥着复杂影响。我们希望中国培育民主政治制度，将军事力量的扩大限制在一定程度以内，并成为东亚地区有责任的成员国，进而能够遏制朝鲜开发大量杀伤性武器等军事挑畔。

毋庸赘言，韩日两国既是亚洲国家，也是太平洋国家。韩日两国在世界史上的责任就是缓和美中对立，成为亚洲与太平洋的桥梁。当然，为两个世界营造和谐氛围需要几代人的长期过程。同时，韩日两国为此也要培养自身实力，使其拥有健全的政治经济体系，成为先进和平国家，从而引导东亚乃至全世界。韩国和日本在国家体制、产业结构以及地缘政治上具有共同的条件，没理由在这一课题上不合作。正如世界在要求东亚的和平与稳定，东亚在要求韩国与日本的合作与联合。第二期委员会报告书希望能为此作出贡献。

最后，第二期委员会活动与第一期同样受到了韩日两国政府、韩国国际交流财团和日韩文化交流基金的大力支持，在此深表谢意。

2013年12月

韩日新时代共同研究项目委员长　　日韩新时代共同研究项目委员长
河英善　　　　　　　　　　　　　　小此木政夫

目录

概要

韩日新时代七大核心课题

韩日两国迎来的二十一世纪新时代不是冷战时期的两极化或后冷战时期的多极化时代，而是复合化时代。韩日两国为追求东亚和平与繁荣共同构筑复合网络是以共生为目的的战略选择。新时代韩日关系以中国迅速大国化与东亚经济的显著扩大为背景，要求两国在共享基本价值与规范的共享的基础上，对所有领域进行全面合作。

为构筑新时代复合共生网络，第一，要求韩国与日本超越将东亚国家间关系理解为国家利益的竞争或均势等的以往模式，以更为网络化的世界政治角度理解上述关系。构筑韩日两国的密切合作关系须要强化既存的韩美日关系，但同时也不能与韩中日友好合作关系背道而驰或相互矛盾。深化韩日合作才是应对逐步转入美中两强时代的生存战略。即，韩日关系的深化、发展与对美、对中关系的强化处在良性循环上，并不相互排斥。

第二，韩日新时代的韩日合作方向须要摆脱以往以双边关系为中心的思考模式，不仅要考虑两国关系，在韩半岛、东亚地区、全球领域的韩日合作也非常重要。韩日新时代应该在空间上能够展望韩半岛、东亚、全球秩序。未来的韩日关系相比过去必定要在更加广阔的空间进行合作。韩日新时代的合作不仅在双边关系上展开，还应在韩半岛层次、东亚区域层次、全球领域等四个空间广泛实现。

第三，韩日新时代必须超越以政治、安全、经济问题为中心的过去范式，更加积极地推进二十一世纪以来日渐重要的文化、环境、知识信息、科学技术领域的韩日合作。同时，韩日合作的主体从国家全方位扩散至公民社会、包括大学在内的知识界、企业与地方自治体等，这将对韩日、东亚以及世界和平、繁荣与共生起到重要作用。根据以上的认识，韩日新时代共同研究委员会对一下七大核心课题提出两国间合作方向。

I. 知识·文化·媒体领域促进交流

韩国与日本应通过在知识、文化、媒体领域的自由交流增进相互理解与信任，将此扩大至东亚各国，致力于形成共享普遍观念与文化的认知共同体。为此要持续推进以下五大课题。

第一，为促进知识—学术领域的合作，致力于"东亚知识银行"的建立与扩展。为此，在互联网上积累两国历史、思想、文化相关资料；以此为基础持续推进两国政府及民间层次的共同研究与对话；并对两国共同面临的社会问题以及全球性共同课题积极开展面向未来的共同研究。

第二，为促进文化-艺术领域的合作，建设韩日共同"亚洲文化创作村"。即有必要考虑建设一个韩国与日本文化艺术界人士能够自由共享构思，共同进行创作的亚洲文化创作村。同时，以韩国与日本驻第三国韩国文化院和日本文化院或留学生为媒介，加大共同向世界发散文化的合作。

第三，为共享韩日知识与文化，推进建立韩日共同历史文化博物馆。与此同时探讨促进两国国立博物馆与国立美术馆等机构的共同学术调查与共同展览，采用向对方国家访客提供特别优待制度和通用门票制度。

第四，为韩日媒体领域合作，创立运营"韩日媒体论坛"。持续努力遏制给对方国家制造恶意的拍他性民族主义的新闻媒体与出版极为重要。在出版领域，有必要共同推进值得韩国、日本乃至中国共享的有关伦理、思想、历史、文化的经典作品的翻译出版。

第五，为通过韩日媒体共享文化，推进创设东亚版ARTE(德法公共电视台)。它以共同设立运营文化、艺术、教育专门电视频道为目标，以此介绍和共享对方国家的传统文化或者具有艺术性的高级文化。

II. 人际网络的形成

立足于构筑以韩日共生为目标的复合网络这一基本概念，我们经过研究目前进行中的韩日人际交流特点与课题，为构筑韩日关系的全新范式，提议如下五大具体课题。

第一，为重新建立多个领域里的两国领导者网络，创设"韩日2040论坛"。该论坛以肩负韩日两国未来的各界青年领导者为成员，将成为的定期交流思想的框架。同时创设"韩日下一代政治领导人论坛"，向两国青年政治家提供交流的场所，讨论韩日当前的问题以及在全球性的课题上的合作方案等。

第二，为培育韩日两国下一代网络，实施"韩日十万留学生项目"。这一项目将在今后五年内成为划时代的韩日留学生相互扩充项目。引入"韩日大学联合"制度，通过韩日两国大学签订联合协议，给学生提供自由来往玄海滩学习的机会。同时研究制定"韩日共同国际公务员培养项目"，共享对两国国际贡献的关心，并由韩日两国共同培养、供应海外派遣国际公务员。

第三，为青少年共同推进东亚海洋环游项目。向东亚青少年提供能够亲身体验周边国家的机会对地区未来必定大有帮助。韩国、日本、中国的教育团体与相关企业应共同开发由轮船连接韩国仁川·釜山、日本福冈·大阪、中国大连·上海的海洋航行线路。

第四，推进以地方为中心的大规模人际交流。摆脱现有的以首尔－东京关系为中心建立的中央集权性韩日关系，变化为更加多样的、多层次的交流网络。在此欢迎釜山－福冈以经济、教育为中心进行的"釜山-福冈论坛",期待学生交流项目-"韩日海峡圈大学"的扩大。

第五,为促进韩日人际交流,要简化两国国民的出入境手续。开发两国老年人观光线路也会促进韩日人际交流。学习欧盟简化出入境手续经验,引进"韩日旅游通行证(KJ/JK Tourism Pass)"制度,使韩日两国国民只要通过设置在出入境检查处的特别通道向出入境检察人员出示该证件即可通过。

Ⅲ. 构筑东亚复合安全保障秩序

韩日两国在安全保障领域的战略蓝图是为东亚发展建立一个能够使整个地区共存的建筑,此即地区复合网络。今后,韩日两国将共享东亚蓝图,全面发展以美国为轴心的同盟,同时致力于缓和美中两国在角逐中的战略不信任。

韩日两国须要共享关于中国的崛起和包括军力在内的国力增强的认识与评价,定好韩美日安全合作的方向与范围。韩国与日本作为美国的同盟国,在密切关注中国过度的军事扩张上可以成为合作的对象,但须要明确的一点是不能走向敌视和孤立中国的方向。为此,须要韩日两国共同努力将中国纳入地区多边安全合作体系,对今后中国的多边军事安全合作的分析与应对成为必须。

同时也须要确保吸收美中势力均衡变化的东亚国际政治体制的弹性。充分关注美中在具体事件上走向战略对抗的征兆及其危险性，具体而又细致地致力于建构防止这一事态发生的话语、逻辑结构也非常重要。为强化地区秩序的外交手段，韩日有必要共同主导建立与东亚中等国家的合作关系。韩国与日本的可合作对象包括东盟(ASEAN)各国、澳洲、新西兰、印度等。

韩日两国在共享关于朝鲜的信息与认识的同时，为共同应对长期的朝鲜问题，须要具体化战略协议。为谋求朝核问题的解决、朝鲜的正常化，整个对朝战略、统一过程中的韩日合作、统一之后韩半岛与日本的合作性战略关系设定都将是未来重要的课题。为了这一目标应该更加具体化对朝共进化战略，并共同推进这一战略。为此可以考虑调整韩日两国间对朝战略的基本认识，推进韩日间、周边国家的战略对话以解决朝鲜弃核与朝核问题，进而推进有关朝鲜参与在内的东北亚地区战略的对话。从而为加强在统一过程中的韩日合作，有必要讨论具体化统一后韩半岛的景象，同时具体化统一韩国与日本的战略关系设定。

为了韩美同盟、美日同盟的发展方向与韩美日安全合作的未来，首先须要比较韩日对美国安全战略变化的认识，并且扩大对这一认识的共同点。为此要密切注视：① 对东亚势力均衡与安全结构的持续变化的认识、② 韩日对美国相对衰落的认识、③ 韩日对美国的全球战略以及东亚战略变化的应对、④ 美国的全球再平衡(global rebalancing)战略与重视亚洲的倾向，东亚海军重新调整计划等变化，致力于韩日间共享战略认识。同时，韩日两国为了缓和美中战略不信任，应该建立一个解决安全问题的框架，即在东亚各种安全问题上合作，并致力于美中的共同参与。进而运用东亚多边安全机构，提高韩日两国的合作效果。在此可以考虑筹划利用六方会谈的共同战略、扩大在东盟地区论坛(ARF)、亚太安全合作理事会(CSCAP)等现有多边安全机构中韩日合作领域。

韩日合作可以超越东亚扩大到全球层面。第一，需要在联合国框架内争议地区的行动及军民协调(CIMIC)、联合国主导的维和行动(PKO)等领域准备合作方案。第二，需要具体化在难民、环保、灾害/灾难紧急救援活动以及海上不法行为和海盗问题上的战略合作。第三，对海上运输通道进行共同防护。第四，需要在灾害及灾难、环保领域合作。第五，需要更加积极努力参与防止开发和扩散大量杀伤性武器的制度化领域的合作，如不扩散核武器条约(NPT)、全面禁止核试验条约(CTBT)、国际原子能机构(IAEA)、禁止化学武器公约(CWC)、瓦森纳协定、核供应国集团(NSG)等国际制度。第六，为应对网络恐怖主义的合作会是韩日合作及韩美日合作提高一个台阶的手段。

IV. 核能安全与能源合作

韩日两国间能源与核能领域的合作相较其他领域进展并不充分。但是，福岛核泄漏事故的冲击以及围绕能源供给的国际环境的结构性变化，加上韩日两国经济社会状态的变化，在能源与核能领域合作的必要性正在增加。

首先，从能源合作方面来看，韩日作为能源进口国，需要致力于削减能源消费、开发和普及有效利用能源技术，在扩大再生能源利用领域也有合作的余地。另，在勘探开发新资源、确保能源资源、电力利用以及提高能源有效利用等领域也可以进行合作。韩日两国的能源合作主要会通过以下四个中心进行：① 构筑能源低消费社会、低碳经济社会结构；② 开发再生能源以及能源技术革新；③ 开发和导入页岩气、页岩油等新能源；④ 探索韩日能源合作组织。

在核能合作方面，不仅韩日两国，周边各国都一同吸取了福岛核泄漏事故的教训，加深了政府在"核能安全(safety)"上需要承担更多责任的认识，而至今认为政府主要承担从政治、安全层次关注的有关核不扩散的"核安全(nuclear security)"。

从以上观点来看，韩日需要强化在预防与应对核能灾害上的合作，同时要互相监督核电安全体制，并且防止挪用于军事目的。两国需要合作研发核反应堆，对核燃料循环交换信息。最后，核能利用只限于和平目的。因此，韩日核能合作主要通过以下几点探讨：① 制度化核能安全合作以及建立核能事故应急网络；② 后福岛(post Fukushima)韩日合作；③ 核能的和平利用合作(禁止军事利用)。

V. 环境合作

应对环境问题在韩日两国同样是重要的课题。两国市民社会都认为缺乏环境关照的经济增长不可能持续，应积极实现可持续发展的环保社会。同时，环境问题又与能源以及世界资源问题有密切联系，对于严重缺乏能源资源的韩日两国都是迫切的课题，在国际社会上也是重大问题。

环境领域的韩日合作不仅对解决环境问题重要，从大局考虑，也会对两国产生积极意义。首先，环境具有普遍价值，因此即使两国在政治、安全等领域出现裂痕，维持对话合作的可能性大，会成为两国关系的基石。

而且除了中央政府的参与，地方自治团体、学者、市民团体、经济团体等也会经常长期参与其中，有助于韩日间形成广泛而坚固的网络。进而韩日两国在承担市民价值责任，同时利用两国出色的企业技术，会成为东亚值得信赖的国家，在国际上凸显强大的存在感。

另一方面，环境问题应该根据个别案例，在韩日合作可行性以及具体方案上可以有所不同。因为环境问题非常多样，两国立场和利害关系、优先顺序或途径都有不少差异，对韩日合作方案也要从多种角度摸索，采取基于现实的可行途径。

基于上述观点，韩日需要在应对区域内跨界环境问题、气候变化、促进环境保护的官方开发援助(ODA)等三大领域深化相互合作。

第一，应对区域内跨界环境问题－跨界大气污染、区域海洋污染、运行核能带来的周边地区放射性污染危险、移栖种或资源的灭绝、减少、枯竭等。以上大部分从其性质上只有通过韩日两国的合作才能有效应对。重点在于，两国设立运作高透明度合作框架，以此建立日后区域合作框架的基础，获得中国等相关国家的参与，将其推向东北亚地区的全面合作。其实，目前已经存在多个包括韩日两国在内的各种政府间合作组织，处理跨界环境问题，但现阶段还无法充分确认其收效。韩日两国之间也还不能说确实已经存在对跨界环境问题的共识。与欧美地区不同，该地区不存在任何双边或区域性条约引入具体义务，其中包括跨界环境影响评估、事先通知、协议、应急通告，对环境风险以及影响的监测、结果公开、信息交流等程序性合作。考虑到以上情况，①韩日两国应共享跨界环境问题的认识(根据共同标准推进共同调查研究、科学知识共享等)；② 全面验证包括两国在内的现有环境合作组织的有效性；③ 重组现有合作体系，以激励中国在内的其他东北亚国家参与或建立新的合作体系；④ 引入跨界环境合作的程序性义务－尤其是韩日两国应根据IAEA及早通报核事故公约签订紧急情况通报的具体实施方案－将有助于两国。其中第四条作为在东北亚地区确定具体义务的先例，期待将来对于推进跨界环境合作起到重大影响。

第二，应对气候变化的多边合作。韩日两国间利害关系尖锐对立的温室气体减排在短期内不易调整，但考虑到气候变化的严重性日益增加，两国共享合作议题的空间不小。韩日两国在温室气体减排上值得推进的有四项：① 致力于减低温室气体排放的国内政策及制度领域的合作；② 有关改善能源效率、再生能源技术及政策合作；③ 对气候变化影响进行共同学术调查以及应用领域合作；④ 为东北亚能源合作探讨超级电网建设的可能性。这种合作将对建构韩日复合网络作出巨大贡献。

最后是增进环境保护的ODA，即有关环境ODA的韩日合作。韩日两国处于发展差距极大的东亚地区，而环境破坏的后果集中于贫困阶层，加深了"气候不正义"。这种情况被指阻碍东亚的可持续发展，是经济一体化的障碍。

韩国与日本作为东亚仅有的两个经济合作与发展组织(OECD)发展援助委员会(DAC)成员国共享身份认同。韩国与日本都以环境ODA为重点推进项目。而在全世界环境ODA需求巨大，供给国援助能力有限的条件下，有时却出现两国重复支援同一个受援国的情况，这就要求韩日两国在环境ODA上进行合作。希望韩日两国日后具体在以下四个方面推进合作：① 通过DAC和绿色气候基金(GCF)进行协作和合作；② 主导韩日东亚环境合作项目；③ 对同一受援国无偿援助领域的合作；④ 合作开展应对气候变化的对内/对外启蒙宣传活动。通过上述合作，韩日两国将对国际社会的可持续发展作出贡献。

Ⅵ. 构筑东亚共生经济秩序

韩国与日本需要在东亚地区通过竞争寻求发展，与此同时要通过合作来构筑追求复合目标的新的经济秩序，而这个秩序是重视共生与共荣价值的。过去十几年来，东亚出现了很多制度性合作，但由于制度的可行性、对国际合作持消极态度的国内政治因素、国家间战略竞争等原因暴露了其各种缺陷。两国要共同致力于建设这样一个经济秩序，它既要提高经济效益，国内政治对立和对外战略考虑又不会干扰互相合作。在此，最为关键的是创造一个建筑平台。如前所述，新的建筑需要引入新的平台或标准，超越市场主义的平台或以市场竞争与协助达到富强的理念而实现共生价值。这就是融合现代竞争与合作以及后现代共生的新资本主义标准。

以此为基础，在贸易/投资方面，韩日两国有必要推进自由贸易协定(FTA)，提升正在成为增长动力的区域生产网络，积极支援中小企业参与。这意味着超越关税壁垒这一课题，致力于制定区域共同的国际规则，如取消原产地规定、非关税措施以促进贸易，贸易便利化，自由化、便利化生产网络相关服务和投资，知识产权保护，调和竞争法等。随着推进FTA，在区域内发展中国家开发经济基础设施、振兴中小企业等发展议题也需要并行推进。

第二，在宏观金融方面，为了有效利用现有东盟与中日韩货币互换协议，韩日需要共同提高相互监管(surveillance)宏观经济状况与金融部门健全的质量，激活有望成为常设监督机构的东盟与中日韩宏观经济研究办公室(AMRO)，构建监督区域内汇率走势或急剧的资本流动的能力；通过弱化或解除与IMF的合作，建立由本国自行判断启动货币互换协议的体制。同时，还要分析重启到期日元－韩元互换增量。再则需要创立日元－韩元外汇市场，扩大交易规模，进而与日元－人民币市场整合，以此致力于区域经济交易便利化并缩小风险。

第三，作为东亚经济一体化的一环，韩国和日本要强化对发展中国家开发的合作以纠正区域落差。为构筑立足于东亚新资本主义的"东亚发展·经济合作模式",两国要体系化共有的发展经验和受援国·援助国经验,开展相应的发展合作。同时,韩日两国也要努力与中国等新兴伙伴以开放的形态进行联合项目共享合作理念。韩日两国的政府开发援助要成为通过企业投资实现发展中国家减贫与经济增长的润滑剂,增进援助国与受援国双方的利益。同时要正视全球性问题一气候变化、自然灾害、跨界大气·海洋污染等环境问题、传染病流行、粮食与能源价格大幅变动、恐怖主义等一正在直接打击发展中国家的贫困阶层,要为解决问题作出积极贡献。最后,两国要致力于确保开发合作中的透明性,积极确立政策规则。

VII. 复合共生技术合作

韩日两国的技术合作始于发展中国家与发达国家间的"南北型"官方开发援助,发展到了民间合作的直接投资与技术溢出阶段。今后,随着韩国技术基础的确立与制造业竞争力的强化,韩日间差距缩小,预计两国合作将重心转移到更加全面的民间企业合作与发达国家间的"北北型"技术合作。为日后积极推进韩日间产业合作与技术合作,现提议四项:

第一,重在完善韩日间研究开发额合作体制,建立共同研究基础,互相提供方便。鉴于国际共同研究成为高风险基础技术的研究开发的世界趋势,韩日需要完善、调和研究开发合作体制来顺利推进基础技术领域为中心的共同研究。

第二，韩日两国应该推进研究开发与标准化合作，能够通过发挥产业集聚优势引发民间合作的政府间大型技术合作利用等。共同克服难题，共享发展基础，围绕科学技术诸多领域的合作等为其相关领域。

第三，技术合作对于民间企业是涉及企业重大利益的问题，另一方面，尖端技术的开发也是直系国家竞争力的问题。技术泄密等竞争因素起到重要作用时合作空间必然狭小。为此两国政府需要完善民间层次的扩大技术合作空间的政策以及知识产权保护等制度。

第四，韩日两国需要从开发合作的角度考虑，为东亚提供公共物品而推进技术合作。为实现这复合共生的韩日技术合作，韩日重在通过共同经验推进合作，以提高援助效率，同时将此利用于建立信任关系。

I. 促进知识、文化、媒体领域交流

1. 前言

知识·文化·媒体是个别国家的学者、艺术家、媒体人对国内外传播个人研究与创作、意见的活动领域。知识·文化·媒体领域生产出的结果本质上属于个人研究与创作，但通过对外传播与交流而繁荣超越国界的普遍文化，具有成为人类共同资产的潜力。

由于上述潜力，个别国家会在对外政策里积极利用知识·文化·媒体领域的个人成果提高国家形象，当作国家软实力的资源，增加对外好感度。普遍的文化与知识不仅是国家软实力资源，而且还具有超越国界形成人类普遍的认知共同体的潜力。但是，根据国家性质，也存在错误地滥用知识·文化·媒体领域潜力的情况，使其沦为体制宣传或国家宣传的工具。

韩国与日本率先在东亚发展了民主主义，应注意其被滥用的危险，使其成为体制宣传手段，保障国内知识·文化·媒体领域研究人员、艺术家、媒体人的研究与创作活动，具有积极促进其国际传播与交流的责任。知识·文化·媒体领域内的这种自由交流与积极的国际合作不仅会丰富本国人民的文化程度，还会增进韩日两国的相互理解与信任。再者，当知识·文化·媒体领域的交流与合作网络扩大到东亚各国时，就有希望超越国界与民族主义对立，最终形成共享普遍认识与文化的认知共同体。

2. 知识·文化·媒体领域合作的意义与基本方向

1) 韩日新时代项目第一期共同研究所含对知识·文化·媒体领域的提议

根据上述认识，韩日新时代共同研究委员会第一期共同研究报告书《韩日新时代建言书》(2010.10)中作为最终目标建议了构筑"东亚区域共生复合网络"，对于知识·文化·媒体领域的具体韩日合作曾提出如下两项建议：

第一，提议了东亚知识银行项目，以此形成东亚认知共同体。具体提议是建立一个具有各国语言环境的网站，向韩日两国研究机构提供东亚应该共享的近现代政治外交史与思想史相关资料、文化相关资料；积极评价了韩中日三国出版人会议推出的东亚现代经典出版项目，表明了希望这项事业持续下去的立场。

第二，提出了多媒体领域的多项合作方案。具体方案有韩日两国共同运作类似欧盟ARTE的公共频道、共同制作电影电视以及唱片、扩大韩日两国文化开放、建立东亚体育联赛等。

2) 知识·文化·媒体领域合作现状与课题

对于韩日间知识·文化·媒体领域的合作方案，在韩日新时代共同研究委员会第一期共同研究报告书公发表之前就已经在政府以及民间层次进行了积极讨论，并收获了不少具体成果。

政府间在1983年以后每年都举行韩日文化交流事务人员工作会议以及局长级会议，1998年韩日首脑会谈后组成了三届韩日·日韩文化交流会议，在增进两国文化交流方案上提出了建设性意见。2007年以后，韩国、日本、中国间隔年一次举行文化部长会议，协商在相互间文化交流与合作上政府层次的计划与支援方案。

民间部门也开展了多种由韩国、日本与中国媒体机构参与的协会和合作项目；在表演艺术部门，通过1994年以后举办的BESTO戏剧节、2005年以后举办的韩日交流节等，在韩日间以及韩国、日本中国间文化合作领域也取得了很大成果。同时也不能忽视1998年以后分阶段实施的韩国政府大众文化开放政策实际上消除了电影与电视、歌曲部门韩日间文化交流的壁垒，对相互理解和增进信任做出了重大贡献。

韩日两国间知识·文化·媒体领域的蓬勃交流增进了相互理解加大了市民社会间的亲密度。值得肯定的是，这种交流使两国间即便发生历史问题或领土问题导致政治关系恶化，也能够维持两国人民之间的稳定关系。但是，两国人民对历史于领土问题等民族主义议题仍然存在认识差异，因此而留有相互不信任也是事实。甚至要注意有时超越国界的文化流动也会成为围绕民族主义的新的矛盾和摩擦因素。接受和享受文化始终都应该通过自由的个人的选择与趣味来决定，而不应该把本国文化的对外传播与交流当作国家的民族主义手段强迫他国接受。在考虑到上述几点的基础上，提议以下几项今后韩国与日本的政府以及市民社会需要共同推进的知识·文化·媒体领域的合作课题。

3. 韩日知识·文化·媒体领域合作五大课题

1) 知识−学术领域的合作：建立和扩散东亚知识银行

韩国与日本在近现代历史中不仅有矛盾与对立，还交织着面向未来的努力。两国历史、政治、文化档案包含着这种矛盾与对立、合作与信任的各种可能性，能够诚实地积累这些资料，并以此为基础进行扎实的研究，谦虚地回顾历史，就会打下建立面向未来的关系的基础。为此，韩国与日本需要通过相关机构积累各自保存的历史、文化、交流合作相关资料，并致力于通过网站公开这些资料。这一努力将为后一代提供省察历史的材料，并会成为未来韩日间合作与东亚合作秩序方向的资料。

韩国与日本两国都已经致力于诚实地搜集本国历史、文化、政治等各个领域的史料，并通过网站向公众提供这些资料。韩国由国会图书馆、东北亚历史财团东北亚历史资料中心、国立外交院外交史史料中心等进行相关工作；日本有国会图书馆近代电子图书馆、国立公文书馆亚洲历史资料中心、外务省外交史料馆等搜集近现代史相关的本国史料，并通过网站向公众公开其中一部分。对于这些资料，有必要对两国历史资料中心等建立链接形成网络，将相关资料分类后数据化，致力于用本国语言以外的对方国家语言在国际上公开信息。以此为契机，韩国与日本需要谦虚地回顾历史，以公开的历史档案为基础致力于建立面向未来的关系。

韩国与日本两国基于这些材料进行的历史共同研究不应限于政府层次，还应积极扩散到两国学者与教师、市民等参与的民间层次。韩国与日本政府间已经在2002年以后组成韩日历史共同研究委员会并发表了两次成果。

两国政府主导的历史共同研究还要继续，同时要更加积极地促进民间层次的多种历史对话与共同研究。需要注意的是，在韩日两国初高中教师或大学学者之间进行的历史共同研究已经开始积累相互信任，并能够为两国学生提供客观和高水平的研究成果。今后两国历史共同研究需要最大程度地尊重研究人员的个体自律性，持续向后代提供更加多样的观点。

韩国与日本通过政治民主化与经济增长均进入了发达国家的行列，但在社会上面临着发达国家共同经历的低出生率老龄化、多文化共生、环境污染、性别、教育、残疾人等诸多问题。同时，随着两国的全球作用扩大，还共同面临着全球变暖、海洋以及宇宙开发等领域的合作、再生能源开发等课题。在类似的社会结构下，韩国和日本被要求承担更多国际角色，为回应这一要求，两国知识界需要致力于扩大共同研究。日本国际交流基金和韩国国际交流财团等已经在资助这类研究，但有必要对未来指向型课题扩大韩日共同研究的支援规模和研究范围。

尽管国际文化与知识交流对韩日两国具有重大意义，但最近由于全球经济危机，相关预算和资助制度出现缩小或取消的现象。韩日间文化交流与知识交流也随之出现缩小趋势。考虑到以往在韩日间推进的知识交流、文化交流的成果，财政支援的缩小实在令人惋惜。为了弥补这种现象，持续两国未来指向型共同研究，需要研究通过韩日两国市民团体或民间企业获得文化交流、知识交流的筹资方案。通过民间企业获得两国文化以及知识交流的财政支援将会作为企业的社会贡献受到高度评价。

2) 文化−艺术领域的合作：韩日共同建设亚洲文化创作村

韩国政府自1998年开始对日本大众文化施行分阶段开放措施以来，韩国与日本间的电视和电影、流行音乐等领域的相互交流得到飞速增加。2007年韩中日外长会议对韩中日文化互访项目达成共识后，正在开展包括中国在内的各种文化艺术领域的共同演出和选拔项目。

在持续发展这些趋势的同时，有必要在两国政府层次形成一个在艺术创作阶段促进各国艺术家的积极交流和共同创作的平台。文化艺术领域通过超越国界的艺术家间的相互沟通与交流释放创作潜能，大有可能创作出具有普遍性的作品。念及上述，作为一例，韩国与日本可以建立一个亚洲文化创作村，使小说家及诗人、电影人、音乐人自由分享构思分享作品。每年举办国际音乐节的大关岭或举办国际科幻电影节的北海道夕张都是很好的范本。

在两国文化艺术领域的交流上，有必要促进年轻一代的积极参与与交流。青年艺术家们具有旺盛的创作欲望，当遇到具有相同价值取向的其他国家青年艺术家，一同交流文化知识有可能提供决定性转机，创作出更加具有普遍性的强烈的文化艺术作品。韩国、日本、中国大学之间通过亚洲校园计划已经启动了增进学术交流的框架，除此之外，还应创办共同的音乐节、美术节、电影节等，分享两国音乐、美术、电影、戏剧、体育等专业的青年之间的潜在艺术才能与成果。

韩国与日本的文化交流不仅要进行双向交流，还要推进面向世界的文化传播。随着亚洲的崛起，包括欧美世界在内的全球各地对亚洲文化的关心与需求一并增加。在韩国与日本各自向全世界宣传本国文化的同时，还要合作致力于共同向全世界传播文化。通过这项事业一旦在两国政府派驻人员或留学生形成在第三国交流与合作的环境，那么知识交流也会得到促进。具体来说，韩国文化院与日本文化院在第三国举办有关两国文化的共同展览和演出，还可以进一步在发展中国家进行文化共同支援事业。

文化与艺术领域，由于商业利益优先，产品极易出现非法复制品的流通或版权侵害。艺术家个人创作活动和商务活动两方面都会因此造成萎缩或受损。在政府层次上也要为纠正大众文化与演出活动所伴随的这类弊端作出努力。

2006年以来韩日两国政府每年都举行了版权相关的政府协商会，2011年9月文化政策相关政府机构间签署了强化版权合作的谅解备忘录。须要致力于对文化艺术创作品的版权保护，其适用范围也要扩大到其他亚洲地区国家。

一旦两国间政治外交关系进入紧张局面，不少有关文化的交流活动和项目会受其影响而被中断或延期，尤其是公共机构或地方自治团体参与的。受到文化交流中断的影响，公共机构和地方自治团体间会增加不信任，本应享受文化的两国市民和青年层也会暗中受到不少损害。作为共享政治自由民主主义以及市场经济价值的民主国家，取消类似活动对建立国际形象也会造成负面影响。

冷战期间联合国教科文组织宣布了"政治关系恶化也要发展文化交流"(1963年)。韩日两国有必要根据这一建议阐明原则，即无论发生任何政治局势，两国间都要持续推进已经达成共识的文化交流。

3) 韩日间知识与文化共享：推进建立韩日共同历史文化博物馆

韩国与日本两国都具有悠久的历史，通过历史中不断的文化交流各自发展了传统文化。悠久历史中的韩日两国文化交流与其成果有必要成为文化的现场，而两国的各种博物馆与美术馆将对韩日相互理解起到重要作用。

两国国立博物馆与国立美术馆通过共同学术调查与共同展览等已经向对方国家介绍了本国的传统文化，致力于扩散文化交流历史的理解。为了进一步扩散在传统文化交流的相互影响上的理解，两国博物馆与美术馆需要作出更加多样的努力。例如向对方国家访客实施特别优惠待遇制度，建立地方各地国立博物馆共同参观券制度等。

随着东亚的崛起，韩国与日本固有的传统文化以及文化交流的历史都在国际上成为了高度关注的对象。为回应这种关注，作为传统文化宝库的两国国立博物馆和美术馆应向国际社会开展共同企划展览，提高两国国家品牌价值。进而，此类展览也会评价为两国对于发展中国家的共同知识贡献。

在现有博物馆及美术馆的积极共同企划的基础上，韩国与日本两国可以推进共同企划建立历史文化博物馆的项目，以纪念共同的历史与文化。东亚各国对于近代以来东亚历史上的战争与冲突目前都保留着各自的记忆，会产生排他性的民族主义对立。

近代以来东亚的战争与帝国主义历史需要共同记忆而不是以排他性形式。对于下一代，不仅战争与冲突的历史，文化交流与相互合作的悠久历史也需要记忆的公共空间。为此，韩国与日本首先要推进企划建立共同的历史文化博物馆。对共同历史文化博物馆中收藏的藏品和内容等需要通过组成共同民间委员会，相互协商来过程来决定。

4) 韩日出版媒体领域合作：创建运行韩日媒体论坛

韩日关系的进展和韩日两国国民相互认识的形成中，日本媒体对韩国相关的报道和韩国媒体对日本相关的报道所具有的影响力依旧强大。相互认识的冲突经常通过大众媒体相互刺激，比如集中于一些"非道德性"的报道使人误以为这就是对方国家的全部，或在两国问题上根据本国国内主流立场片面报道都属于这一类。

助长对对方国家恶意排他民族主义的言论及出版倾向有必要得到自制。为克服这一点，两国媒体人与出版人需要准备新闻论坛等平台，批判地检讨报道状态，致力于导向相互客观报道及出版。

通过媒体可以熟知对方国家的政治、经济、社会文化、大众文化、体育等时事知识(信息)，但很多情况下对对方国家大多数的思想、思考方式、世界观、传统文化等却大都无知。为了共享认识，对这些方面的理解与认识的扩大必不可缺。韩国、日本、中国的部分出版社已经开展了相关项目，对有必要在东亚层次共享的对方国家的伦理、思想、历史、文化等经典作品翻译成本国文字共同出版。

今后这种努力要持续推进，扩大到小说等文学作品领域，还可以举办重点介绍韩国、日本、中国出版图书的韩中日国际图书展。另外，借鉴美国大学实行的制度，积极推进作家邀请制度，将别国著名作家长期邀请到本国大学，促进其与学生及研究者的交流，支援作品创作等。

网络是跨国文化、知识交流不可或缺的工具。通过网络空间韩国人可以轻松获得相关日本的知识和信息，日本人也同样获得有关韩国的知识和信息。又，网络作为接触双方大众文化的媒体，易于收发电子邮件等的特性，让人倍感邻国间无国界。

不过，即使网络空间具有上述实用性，仍然不能否认出现了"网络民族主义"之一负面现象。网络空间上的讨论中表达有不经过滤的倾向，有时会扩散对对方的偏见和敌意等种族歧视性发言。门户网站上常常泛滥着未经验证的对对方国家的错误信息。如果在网络空间这一作为对方国家关心和知识的窗口上进行着极端的议论，尤其对青年一代会形成危险，对对方国家产生片面视角。在注意这些弊端的同时，需要致力于引导在网络空间上对方国家的正确理解。这要通过两国主要门户网站间的协议，对于主导对方国家恶意言论的网站寻找采取自行限制的方式。

5) 韩日媒体共享文化：创建东亚版ARTE

对方国家的传统文化或艺术性强的高级文化相对经济性偏

低，所以面向大众演出的机会少，韩国与日本相互间交流也较少。但不可否认的是，传统文化或艺术性强的高级文化对提高国家品牌价值，增进相互理解作出了重大贡献。

ARTE是柏林墙倒塌后德国与法国两国元首为增进两国和解与合作而一致同意开设的共同的教育频道，1992年以来为两国文化普及与理解深化作出了重大贡献。韩国与日本之间，进而与中国将来也开设类似频道，通过韩语以及日语，根据情况用中文播出，预期会对相互介绍传统文化、深化对对方国家的理解作出不少贡献。通过此类广播媒体，不仅要传播传统文化，各国经典影视剧也要积极放映。

如果东亚版ARTE得以设立，为电视台的运营和企划，要另设以韩国、日本、中国的文化界人士组成的运营委员会。东亚版ARTE广播中心则以地理上距离三国都较近，交通也便利的济州岛为宜。

II. 形成人际网络

1. 前言

　　第一期韩日新时代共同研究项目曾在2010年10月向韩日两国政府提出报告，在其中建议了构筑"韩日共生复合网络"的必要性。"韩日共生复合网络"意味着"韩日两国政府、地方自治团体、教育机构、企业、NGO等多种行为者在政治、安全、经济、文化、知识信息、科学技术、环境生态等所有领域全面构筑紧密互助与协作网络，以谋求韩日两国乃至东亚以及世界和平与共荣的韩日关系的未来形象"。在这一基本概念的基础上，首先通过人际网络视角探讨目前韩日关系的特点以及课题，确认需要新的范式来建构复合网络，为此提示具体方案。

　　2015年是1965年达成韩日修复邦交后迎来的五十周年之际。强烈希望本报告书的提议得到实现，立足修复帮交五十周年，展望未来五十周年、一百周年，为建立新的韩日人际交流网络而努力。

2. 韩日人际网络现状与课题

正如第一期报告书所指出的，"1965年韩日邦交正常化之后，韩日关系通过密切合作，在政治、安全、经济、文化等所有领域均有了重大发展。现在，韩国与日本均已成为在非欧美地区成功发展并确立民主主义政治、市场经济以及多元社会文化制度的代表性国家。尽管两国经历了殖民与被殖民这一不幸历史，但是通过密切的政治经济合作，最终发展成了对等的合作伙伴关系。可以说这样的韩日关系在世界史上是极为罕见的。"建交当时两国国民来往人员仅在一万人/年，但在二十一世纪初期已经打开了一万人/日的时代，2012年两国互访人员增加到了556万名，其成果是划时代的。

同时，随着两国国民互访人数剧增，众所周知两国国民间的人际交流也活跃进行。通过公民层次的自发交流与政府层次的交流支援项目等实现了两国国民间交流形态的多样化，这类活跃的交流是使韩日关系发展至今的重要基础，将来在公民层次交流的重要性一定会增加。特别是通过韩日两国共同举办2002年世界杯足球赛以及赛后，在日本国内形成以韩流热潮为代表的对韩国文化的关心高涨，这些都显示出韩日间人际网络在量上持续增长并扩大，同时在质上深化了发展，对今后两国关系将起到肯定性作用。

尽管存在这些肯定性现象，但考察最近几年韩日两国关系，需要注意到两国间人际网络面临着如下三个核心问题。

第一，联系韩日政治圈的网络显著弱化。回顾过去，每当韩日关系陷入困境时，都有两国有影响力的政界人士直接出面做好相当程度的台下工作。这些仲裁或调停作用有助于事先防止矛盾升级，直接在政府或国民层次发生碰撞。政治家之间的交流也活跃，经历了日本殖民统治时代的韩国政治家谙熟日语也是提高两国领导者之间亲和力的一个因素。这种两国政治圈之间紧密的人脉使深入讨论韩日问题成为可能。

但是最近这类起到仲裁调停作用的两国政治圈之间的人际交流显著减少。这一现象的原因首先是其间两国元老政治家的隐退。由于他们的退场，之前积累的人际网络并没有继承到下一代，而导致了政治圈的人脉空白。两国政治圈剧烈的新老交替以及由于选举带来的频繁的人员交替又是另一个原因。这些新进政治家对于韩日关系的考量相比老一辈所占比重不多，两国政治家间的语言沟通能力又不如从前也导致双方紧密性降低。媒体指出韩日/日韩议员联合并未开展有意义的活动也反映了这一现实。

这些元老政治家的退出与急剧的新老交替导致了目前韩日政治圈"互相对话"、调停、妥协的政治家关系的空白。考虑到与过去相比公民层次的网络飞速增加，其重要性也相应日益扩大，这些过去式的两国政治圈的角色日益丧失其重要性似乎也是理所当然的。加上考虑到日益多层化的今天的韩日关系，巨型政治家几人控制韩日间所有问题实际上也是力所不及。

尽管如此，考虑到现实中两国间政治方面的关系恶化仍然对韩日关系产生深刻的负面影响，韩日政治家之间的网络再建或创立新的网络仍然非常重要。因此，韩日两国的政治家之间建立新的关系的需要将比任何时候都更为迫切。

第二，韩日间已经存在多种交流，因此相比单纯扩大交流，为讨论、共享并实践韩日共同的未来前景而建构复合人际网络将更加迫切。

正如韩日新时代共同研究第一期报告书所指出的，韩日两国迎来了一个在东亚国家共享规范与价值以及制度与惯例等国际公共品的时代。韩日多种行为者在多层领域构筑紧密的互助与合作网络，进而不仅在两国关系上，还要在东亚以及世界上谋求推进和平与繁荣。

如第一期项目的建言，如果韩日间能够建立复合网络，则政治领域的对话与合作将优先于矛盾与纠纷，这度不仅会对东亚的和平与繁荣作出贡献，还会有助于在全球范围进行划时代的韩日合作。而在经济领域，短期内可以形成韩日共同市场，实现资本、信息、技术及劳动的自由流动，长期上会是朝向东亚经济共同体的迈步。为解决韩日间不幸的历史带来的各项问题，就要在直视历史事实的同时，共同开拓韩日新未来。目前的韩日关系正在要求建设符合这一目标的人际网络。

第三，新的人际网络建设要充分考虑最近显著变化的围绕韩日关系的国内外形势。特别要留意国际经济领域韩国令人瞩目的上升地位和处于持续低迷状态的日本经济给韩日关系带来了结构性变化。韩日关系与过去不同，在经济上主要强调竞争关系，这样的变化也影响了两国国民对对方国家的认识。同时，由于中国的崛起，东亚地区国际政治形势变化与前述韩日两国领导层的世代交替等在改变着两国的相互认识，这一点正在刺激各国民族主义使韩日间的合作处于停滞状态。

总而言之，韩日新时代所要求的新的人际网络建构需要认真反映前述两国间的新现象。

3. 复合共生网络新范式

"韩日新时代"需要韩日两国通过紧密合作，建构以共生为目标的复合网络，因此盲目继承和利用目前支撑韩日关系发展的现有交流与网络是不充分的。严肃看待并解决现在的韩日关系所面临的前述课题，需要不同于以往的接近方式，即需要新的范式。

第一期报告书指出，二十一世纪国际社会已经不是冷战时代两极化时代，也不是后冷战时期多极化时代，而是复合化时代。因此需要超越冷战式思维以及后冷战思维，而进行新时代的复合性思考。因此要求不仅要对韩日两国关系，而且还要对同盟国美国、地区重要合作伙伴中国以及与韩国与日本安全保障与未来直接相关的朝鲜进行战略构想。

从这种观点出发，可以考察如下"三个均衡"。

第一是代际均衡。目前韩日两国社会存在两代共存的情况，一代是原有主导两国关系的老一代，一代是以完全不同于以往的想法看待对方国家的新一代。但是很难说目前的人际网络建设充分反映了这一现象。尤其要建立反映政治圈的新老交替以及人员交替的新的网络。

但是这不能是过去、现在以及未来的网络相断绝的网络。换句话说，创立或再建政治、经济、社会、文化等所有领域人际网络时，不仅下一代要继承至今主导韩日关系那一代的经验，还要充分顾及共享并调和代际间已经形成的对方国家的多种认识。

例如，目前韩国存在三代，有经历日本殖民统治的一代，还有主导1980年代民主化运动对日本持批判态度的民族主义一代，再有是韩国实现经济发展以后成长起来的的对日本具有自信的年轻一代。因此需要调和代际间对日本显示出的相当大的差异，建立准备下一代在韩日关系中占据中心地位的网络。

但是还需要留意到韩日两国今后将更加高龄化的事实。最近日本对于韩国文化的认识需求高涨主要在中年层发生，因此中年层要与下一代一并考虑，持续关注并致力于利用为韩日关系发展的动力。

第二要考虑的是地区间均衡。直至今天，韩日关系主要是由两国首都首尔和东京主导的中央间的关系，两国地方间的网络或中央与地方间的网络都处于韩日关系的边缘地带。但是两国的地方分权与地方自主权趋势持续发展，韩日关系不再仅仅是首尔-东京之间的关系，韩日地方间积极形成的多种网络应该看作另外一个重要的轴心。实际上，地方间网络已经超越地方城市间的友好城市协议这一简单交流层次，已经在超国家经济整合的观点上开展了复合网络建设。因此新时代韩日关系需要考虑到地区间均衡问题。

第三是要考虑短期目标与长期目标相结合的时机均衡。韩日关系考虑到"挥发性"，则要求建立显示最快成效的网络，但人际网络的成果从其性质上看并不容易立竿见影，获得成果需要长期的努力。因此不能急于见到成效，而更要分短期与长期目标从总体角度构想并实现韩日共同前景。设计韩日共同未来有可能比一国"百年大计"还要困难，但现在就是开始着手开始这一事业的时期。如果不考虑时机均衡，则有可能被随时变化的各种事件所左右而走向极为不稳定的韩日关系，也会对实现韩日长期目标造成很大障碍。

如上所述"待机均衡"、"地方间均衡"以及"时机均衡"均顾及到的新的韩日范式的建立，需要积极探讨有助于实现复合网络的以下几个项目。

4. 实现复合网络的五大项目

为建构实现上述三大均衡的人际网络，开拓韩日新时代，建议进行以下五大项目。

1) 各种领域领导层网络构筑与共存

韩日下一代领导层之间的交流网络需要以更加复合的形态创立。这是为了反映变化中的人际网络组成和多样化的人员结构。

① 建立"韩日2040论坛"

首先，提议建立"韩日2040论坛"作为承担韩日两国未来的各个阶层青年领导层为成员的定期交流的框架。该论坛的目标是不仅对某个特殊领域领导层交流提供机会，而涵盖已然多样化的社会各个领域青年领导层，为其提供交流机会。韩日关系中除了专门人士，还有在各个领域显露头角的带头人能够互相交流，将会大大有助于扩大韩日关系的外延。

众所周知，韩日间已经在专门领域、行业间形成了合作关系网络。但是这些网络并没有横向联系，而各自独立存在。如果在这一论坛形成各界各领域领导层之间形成水平方向网络，将是有机联系韩日间分散于各处的专家团体合作关系的第一步。

创立论坛后需要讨论的主题不应局限于韩日两国现有问题，而应在"共同向国际社会作出贡献的韩日关系"等比较宏观的全球规模的主题上讨论韩日共同未来前景，以此共享问题意识与崭新的前景，并为实现这一设想引导出各种实践课题。通过该论坛可以超越韩日两国关系这一小框架，并试图转换到顾及全球或东亚层次的思维。

② 创立"韩日新时代政治领导人论坛"

最近韩日关系经历着不同于以往的多样化，但不可否认两国政治关系仍然占据最为重要的位置。因此两国政治人之间的交流虽然有可能采取与过去相同的形式，但仍然非常重要。

根据这一认识，提议在政治领域出台重新开展韩日对话的"韩日下一代政治领导人论坛"。论坛向两国青年政治家提供交流将会讨论韩日现有问题与全球规模课题上的合作方案等为目的。这一论坛将大大促进新进议员之间对韩日关系的关注度，相互建构人际网络。论坛要以定期形式召开才可以继续维持交流与网络而不受由于选举等人员交替的影响。

其实韩日间已经设立了作为知识交流的框架的"韩日论坛"、"韩日文化交流会议"，以政治为中心的对话机制"韩日议员联盟"、"韩日合作委员会"等，其间对韩日关系发展起到重大的牵引作用。但是这些论坛主要由两国中坚领导人和韩日关系专家组成，而没有充分涵盖韩日各种领域下一代领导人的参与。因此在这些原有中坚领导人的交流基础上，有必要建立各个领域中下一代领导层的交流机会，联合这些期待成为未来的两国领导阶层的人士。

与此同时，为了使原有韩日间各种论坛与新设网络共存而最大化其协同效应，需要预备更加巩固的支援体制。例如可以利用韩国国际交流财团与日本国际交流基金、日韩文化交流基金等韩日知识交流领域成果丰富的机构，成功实现新设论坛与既有论坛间的共存。

通过形成各个领域带头人之间的知识交流与人际网络后，才有可能建立韩日新时代所必需的复合网络。

2) 培育理解韩日两国的下一代

培养活跃在国际社会的下一代对于韩日两国都是重要的国家性课题。培育下一代不仅会有助于国家利益，如果能在培育过程中加入韩日互相理解机会，对于开启韩日新时代也会大有帮助。

为促进两国下一代韩日互相理解、共同培育带头人提供制度基础，现提议如下项目。

① 实施"韩日十万留学生项目"

两国间现有的下一代交流事业主要通过大学间友好协定下的交换学生制度、韩日政府各自主管的国家奖学金制度、语言研修与正规课程入学上的自费留学、或者是间歇性的各种交流项目等实现。根据最近统计(2012)，滞留韩国的日本留学生中正规教育课程和韩国语教育课程全部相加也不过4,093名，而留学日本的韩国学生总计为19,994名。

韩日两国间留学生数量处于逐年增加的趋势，但是为形成符合韩日新时代的复合网络，有必要进行大规模交流与深入相互理解。为此提议"韩日十万留学生项目"，旨在今后五年内大量相互扩充韩日间留学生。这一项目实现后，今后韩日关系则会发展到与现在截然不同的层次上，形成广泛且高水平的人际网络。

为实现这一项目最为必要的当然是建立新的奖学金制度，但考虑到实际上的财政制约等，对现有制度的创新融合运用也会激励各种留学项目。例如韩国与日本大学组成联合方案，使学生大规模跨越国境听课并获得学分。还要积极推进企业或民间财团等的奖学金制度，完善留学支援体制。

② 引入"韩日大学联合"制度

韩日两国大学需要通过签订联合协定向学生提供自由来往于玄海滩学习的机会。这个制度允许加入大学联合的大学所在学生可在对方国家单个或多个大学获得学分，并在本国所在大学得到认可。签订联合协定可以不仅能过激活共同教育，还能活跃共同研究，还可以获得共同参与各种政府项目的多种机会。

釜山市与福冈市所在二十四个大学通过玄海滩相连实现了大学联合。该制度旨在为这二十四个大学所属学生提供在其他会员大学自由学习的机会。在这类以往经验中需要参考的是，实行联合存在多个现实上难以解决的问题。例如滞留对方国家发生的各种问题由哪个大学负责等技术上的问题仍然存在障碍。韩日两国为克服这类既有制度难点，强化行政支援。

③ 实施"韩日共同国际公务员培养项目"

随着全球化迅速展开，环境、地球变暖、国际恐怖袭击等超越国界的地区规模难题频繁发生。同时，最近韩国人与日本人在国际机构的表现突出，以青年层为中心希望成为国际公务员的人才逐渐增加。为呼应上述趋势，韩国与日本一同在培养全球化人才，特别是在联合国等国际机构活跃的人才而努力。

为有效应对这类需求，韩日两国对外显示对国际贡献的共同关心，可以积极探讨设立国际公务员共同培育供给合作项目。韩国与日本不以单纯的竞争者角度看待对方国家，而认识为合作对象，就有可能进行大胆尝试，比如通过国际机构名额共享等实现韩日间灵活性。

通过以上项目，可以从根本层次增进负责今后韩日关系的下一代之间的相互理解。

3) 共同推进青少年东亚海洋环游项目

如前所述，新的人际网络建构为有助于谋求长期的韩日关系稳定，要充分考虑最近急剧变化的围绕韩日关系的国内外形势。因此两国为提高正在成长中的青少年对韩日两国的理解度而进行教育的同时，有必要学习扩展东北亚整体视野，其中包括对两国未来起到重要作用的中国。这在通过复合理解迎来"亚洲时代"的需求层面上也是需要强调的品德。为此，东亚青少年从小就要直接接触和体验周边世界，会有助于谋划友好的东亚未来。

作为这一工作的一环，提议韩国、日本、中国的教育团体与相关单位开发实施通过轮船连接韩国仁川、釜山及日本福冈、大阪和中国大连、上海等地的海洋环游项目。通过环游东北亚，两国青少年方位韩国、日本和中国主要城市，参观历史与文化遗迹，以提高对东北亚三国的理解。

同时，在韩国与日本的小学、中学、高中学生当中通过自由主题准招募并选出参加者，对"东亚历史及文化交流史"、"东亚战争与和平"、"东亚社会的进化"等主题上进行发表与讨论，会是促进韩日、韩中日青少年相互交流与理解的有效方法。

4) 推进以地方为中心的大规模人员交流

为建构韩日间共生复合网络，需要从根本上改变以往以首尔-东京关系为主的中央集权式韩日关系，转变为多样化多层化形式。一旦建立了多样多层关系，韩日两国关系会发展为更加复杂的利害关系，将来会起到预防韩日矛盾的机制上作用。

以往人员交流形式的大部分即使受到韩日关系恶化而中断也并不会遭受特别的损害。因此一旦韩日间发生矛盾就容易中断原有交流计划。举例来说，可以经常发现韩日间发生问题两国关系矛盾激化时，原定计划中的民间会议或修学旅行等都会立即中断。能够容易作出决定是因为即使交流中断，实质上的相互损害也并不算大。但是如果交流中断会立刻对国民生活造成重大经济损害，两国关系由这一结构相联系，则不易在中央政治圈出现国民不愿发生的政治矛盾。这种"国民牵制"机制在韩日关系由以往单线的中央间关系变为复杂利害关系下的多层复合关系下才有可能实现。

为提升韩日关系到多层复合关系，目前釜山与福冈之间有"釜山-福冈超广域经济圈"这一还处于初级阶段的构想。釜山和福冈能够作出这一构想的动机始于两个城市共同具有的问题意识。第一，两个城市都是艰难的地方城市。韩国和日本的中央集中化严重程度是全世界所少见的。釜山作为韩国的广域市，是韩国广域市中人口减少最为严重的一个地区。第二，釜山与福冈在韩日两国地理上距离最短，但在韩日关系上并未起到特别作用。这两个城市从古代开始就是接通韩日两国的关口，通过频繁的人际文化交流充分积累了相互好感。但是以目前的首尔-东京为中心的单线韩日关系并不足以反映釜山-福冈这一肯定性因素。

以这一认识为前提，2006年两个地区各界领导人为实现更加复合化的韩日关系，通过建立"釜山-福冈论坛"等开展了多种活动；将2009年指定为"釜山-福冈友好年"，进行了各种友好活动；并通过成立"釜山-福冈经济协议会"及"釜山-福冈经济事务所"促进了市政府间的经济合作。尤其在教育上，与中央层次的韩日教科书矛盾不同，釜山市与福冈市教育厅与教育委员会共同为两市儿童开发并介绍了小学辅助教材，试图从小开始灌输相互友好意识。作为韩日大学生交流项目之一开始的"韩日海峡圈大学校园"也有望扩大。

通过以上案例，地区间人员交流全面扩大是地方城市间超国界利害关系提升到更高水平，反而由地方牵制中央政府，以防止首尔-东京间政治问题引起的矛盾。

5) 简化出入境手续

来往于韩国与日本的人口正在超过年500万人。联接韩国与日本主要城市的航班路线数多得与其他国家城市的联接不具可比性。同时通过水路移动的人口也急速增加。韩国与日本间签订的航空自由化协议给韩日间航空路线无限增加提供了法律依据，两国以及第三国低价航空公司正在争先投入韩日路线中。韩国国民最常访问的国家是日本，日本国民最常访问的国家也是韩国。特别是金浦-羽田穿梭航线时代开启，使韩日间的往来更加便利容易，从而观光游客来往大增。

同时从2006年日本对韩国国民实施免除入境签证制度，成为了促进两国来往的契机。当初认为实行韩国国民日本入境免签制度会增加日本内非法滞留者的忧虑，最近的出入境统计证明这不过是杞人忧天。韩日引入免签制度对于简化对方国家入境手续以及韩国国民改善对日本的印象起到了重要作用。

另一方面，日本中年层为主导对韩国文化关注的高涨增加了日本人来韩旅游。为持续这一趋势，重新开发针对中年人的旅游项目，将会使韩日间的人员交流更加发展扩大。

以这些成果为依托，为了使韩日两国国民切身感受韩日两国是"近而又近的国家"，考虑简化第二阶段入境手续的时机已经成熟。根据这一判断，韩日两国可以探讨引入"韩日旅游通行证(KJ/JK Tourism Pass)"，通过出示两国政府发行的这一旅行证件即可完成出入境手续。可以首先实施事先登记制度，主要对象为没有以往犯罪经历或非法滞留记录的单纯旅游观光目的的游客。

在实施上可以参考欧盟(EU)成员国之间已经在机场和港口实施成员国国民"特别通道"。比如可以考虑类似制度，即持有"韩日旅游通行证"的韩日两国国民通过出入境场设置的特别通道时，向出入境审查人员出示通行证就可以通过。

这一制度导入后，就有可能减少大量韩日游客出入境时间，对于韩日间赋予特别的共同体意识也会大有帮助。尤其韩日在东北亚地区率先导入第一个自由通行证出入境制度本身就会向世界彰显韩日两国的创意性与友好关系。

III. 东亚复合安全秩序建构

1. 前言

今天国际安全秩序经历着根本的变动。二十一世纪全球层次的国际政治剧变过程中，东亚在经济增长、社会文化发展、文明重要性塑造上比世界任何地区都充满活力发展蓬勃。但同时由于近代势力均衡政治，仍然会成为大国关系得到重视的地区。包括美中角逐在内的东亚大国之间的关系将持续成为重要变数，围绕东亚建筑的竞争将激烈进行。

中国正在快速崛起，美国的安全政策也正在经历根本性的调整。欧洲的金融危机依然严重，欧盟(EU)整合间离心力似乎开始起作用。朝鲜的政治、经济、社会去向难以预测，韩半岛政局不可否认有剧变的可能性。为应对混乱的地区秩序，东盟(ASEAN)的团结也开始出现裂痕。

回顾过去，冷战终结以后的1990年代，包括人体安全在内的非传统安全问题的重要性增加，出现了国际和平合作或东亚区域合作等多边合作机会。1998年金大中总统与小渊惠三首相之间实现的韩日"和解"即是这一时代潮流的产物。但是现在历史的进化似乎进入了"停止"时代。东亚各国似乎被不可解决的问题压倒，形势越来越混乱。出现了停滞状况，刺激民族主义而不考虑他国立场的氛围在增强。东亚领土与领海问题矛盾深化也可认为是反映了这一变化。

因此韩日提出的共同目标是实现东亚发展的地区整体共生安全保障建筑，或可称之为区域复合网络。对于东亚地区大国仍然重要，但由于韩国等中坚国家的出现加上硬实力以外的知识、文化等重要性增加，建立新秩序的可能性开始出现。

韩国与日本均认同为实现东亚共生而建立安全领域的复合网络，其意志与利益均可共享，因此可以在多种安全议题上找到日后合作的机会。回顾过去韩日间长期的战略合作，具有冷战时期合作及以美国为中心的间接合作等局限，冷战终结以后的朝鲜问题、全球安全事项等上进行了有限的双边合作，在东亚多边主义框架下的区域合作等努力，但由于各种问题仍然在安全领域的合作上受到大量制约。

为共享未来东亚的前景，需要致力于明智地克服两国合作的障碍，整体发展以美国为中心的同盟，并缓和美中角逐中两国间的战略不信任。美国与中国正在构筑实现东亚地区军事、经济、文化上本国利益的结构，即在建立建筑时，韩日两国需要共同致力于避免双方建筑构思具有排他性，并对地区其他国家不致造成危害。两国要共同创造共生区域网络，避免大国主导势力均衡过程或依赖军事力量，提出参与地区构想的政策愿景。同时还需要超越地区层次，为提升全球范围内的传统、人体安全合作提供转机。

2. 亚洲安全格局变化与韩日合作

中国的经济兴起与军事力量强化在整个二十一世纪必定趋于改变亚洲的安全格局。美国等大国对中国的崛起采取军事上均衡的态势，而韩日两国的主要课题则是通过经济、社会文化、政治上进行干预，谋求和平与稳定。

今后的美中关系同时具有结构性合作与竞争格局。两国的互相认识幅度也较大，具体的战略目标实现肯能性也不明朗。美国国内的中国威胁论和中国危机论正在相冲突，中国国内的霸权竞争论与对中美合作论也不相上下。经济上两国具有只能合作的结构性特点。2008年开始的经济危机以后，美国丧失了推进霸权的经济基础，正在认识到小至同中国大至同东亚的经济关系将是霸权复苏的重要资源。中国也需要持续经济增长才可以坚固大国地位，以此为基础先维持体制。但中国的经济力量在转移到军事力量上，美国切实感受到要维持压倒性的军事能力才有可能实现霸权振兴。事实上，美中矛盾越加深入，东亚国家的外交自由与选择幅度就越少。

韩日两国为掌握这一中长期趋势，首先需要共享对中国兴起与安全力量强化上的认识与评价。一直以来，韩日对中国的客观国力评价、今后中国在东亚的战略意图以及应对中国崛起的方式等上存在一定差距。这可以说是由于中国对两国造成的军事、外交、经济影响的程度，与中国的地理上的接近性、与美国的同盟关系以及战略偏差、社会上对中国的认识等多种原因所导致的。

首先，两国需要在中国的经济兴起与军事强化上达成共识。这不是出于对中国的牵制，而是要在东亚国际政治转换、多边合作格局稳固上实现中坚国家外交合作。

为设定对中国的韩日合作范围与方向，需要做如下考虑。首先要设定韩美日安全合作方向与范围。美国通过重视亚洲战略对中国建立了军事牵制网络，另一方面同时致力于通过与中国建立新兴大国关系以强化战略合作。在这种情况下，韩国与日本对于美国的这些努力一方面从紧盯中国过度的军事膨胀上可作为合作的对象，但需要明确不可走向排斥和敌对中国的方向。因此，需要恰当地管理韩美日同盟体制、韩美同盟、美日同盟等关系。更为具体来说，有合理调整驻韩、驻日美军的战斗能力与运营体系与方式、设定美国对中国军事安全战略的参与范围与方式等议题。与此同时韩日还需要共同致力于将中国纳入区域多边安全合作体制。

通过这些努力需要确保东亚国际政治体制的柔软性，使其能够吸收美中势力均衡的变化。这就需要防止出现美中间的个别问题还原到战略对决的征兆，而要具体仔细地建立应对话语及逻辑

结构。在谋求并推进个别案例解决方法的特定问题均等策略
(issue-specific balancing)上达成共识，适用并新建制度性的矛盾解
决过程也非常重要。

还有必要考虑韩日共同为地区转变外交与东亚中坚国家合作
并主导前景。能够与韩国合作的对象有东盟国家、澳大利亚、新
西兰、台湾、印度还有日本可以考虑。在中坚国家之间建立合作
体制并非简单。因为一边要防止中坚国家间的免费搭车，一边还
要建立集体行动的基础。从这个角度考虑，下一届政府需要致力
于韩日战略合作的可能性，尽管目前两国由于领土问题等关系完
全僵化，并且还要确保韩美日合作的确切水位。进而在树立整体
应对经济安全挑战的经济外交战略、共同推进积极的全球治理外
交上形成共识。

还有必要考察韩国在个别议题以上作为中坚国家能够进行转变
者外交中的何种具体活动。这是一种逐渐克服小国外交、摸索参与
建筑议题可能性的活动。韩国在功能性作用上可以考虑召集者
(convener)、中介者(brokerage)、建筑伙伴(architectural partner)
等角色。在多边主义议题上，为确立东亚多边主义的真正合作格
局，有必要采取主导角色。

目前美中两国开展的军事、经济、文化领域的竞争是不可避
免并且自然。问题是为防止竞争升级为武力解决的终极方式，需
要转变竞争规则使其稳定下来并具有可预测性。美中两国也在制
定两国所认同的竞争规则，并推进战略合作。东亚在全球层次与
国际政治紧密联系，而这一趋势将会持续下去。全球治理虽然具

有一定的权力政治倾向，但正如在G20峰会等上所体现的，国家以及多种行为者随着全球舆论形成其治理。全球化时代，多层次的规范正在强劲导入东亚地区。美中以及韩日两国间也需要形成根据规范在具体问题上达成合作的文化。

韩日两国还需要致力于全球层次的国际制度建设以及多层次行为者为缓和安全困境而进行正确的信息交流、确认当事者意图、应对具体议题的不确定性等。

韩日需要共同努力将中国参与到区域多边安全合作体制中。直到现在，中国在强化本国军事力量的同时，也在多边军事安全体制上作出了自身的努力。因此首先必需要对中的多边军事安全合作进行分析与应对。具体有① 应对中俄安全合作的强化、② 应对上海合作组织(SCO)安全合作的强化、③ 研究分析中俄朝军事安全合作强化可能性、④ 要求中国提高国内外军事安全透明度等议题。

在东亚地区与中国的合作与经济、资源、能源领域的中国战略紧密相关。保有相当资源的中国在解决安全问题上会利用经济资源等政策手段，因而有必要致力于分析并应对中国的资源、能源安全战略。具体议题主要有① 应对为确保海外主要资源的进攻性政策、② 关注稀土类等中国内主要资源武器化、③ 应对东北部、山东半岛、东南沿海地区的核电站扩大政策。

考虑到上述几点，今后韩国与日本有必要谋求增进两国间总体政治、军事战略协议与信任度。在其过程中，有必要节制进攻性的大众战略，因为中国特别有可能认为韩日合作强化是对其本国的军事包围。因而两国间以及与美国的战略合作范围设定上，在考虑美中关系的同时还要致力于增进韩中日三边合作。同时，这一过程中也要承认韩日关系与日中关系的差别性。最终需要考虑共同应对与差别化战略如何并行。

3. 解决朝核问题、朝鲜问题及朝向韩半岛统一的韩日合作方案

中长期角度来看，对于朝鲜问题正在韩日间形成有可能发生冲突的新的战略环境。首先，朝鲜内部领导层交替虽然显示短期的稳定，但从中长期来看有必要对朝鲜的不确定性进行展望与应对。

韩国与日本一面需要要共享对朝鲜的信息与认识，一面为共同应对长期的朝鲜问题而有必要具体化战略协议。在此综合性包括朝核问题的解决、谋求朝鲜正常化的对朝总体战略、统一过程中的韩日合作、设定统一后韩半岛与日本的合作战略关系等目标。今后韩日两国有必要为实现这些目标而具体化并共同寻求对朝共进化战略。

在这些努力中首先要寻求的就是增加韩日间对朝战略基本认识调整。具体有朝核问题工作上的历史评价、增强朝核问题与朝鲜问题相关性的认识、摸索解决今后长期性朝鲜问题新范式的必要性、超越韩国国内讨论的阳光政策与原则性干涉政策的第三个

范式摸索以及扩大与日本的共享观点等。

直至现在，朝核问题与朝鲜问题得不到解决，朝鲜战略选择缺失是其最大原因，但从长期观点理解并解决朝鲜问题的国际认识共同体的形成与政策合作体制进化不足也是另外一个原因。因此今后韩日两国有必要共同寻求对朝长期战略，寻求在朝鲜问题上的韩日关系及日本作用的进化。具体议题有①刚上台的金正恩政权与韩日可以设定何种战略关系，今后各个时期的对朝战略如何差别化推进的问题、②今后中长期战略观点上韩日对朝共进战略如何分担角色的可能性、③日本为长期对朝战略大胆参与的国内外条件与韩国合作余地等。

更为具体来说，为了使朝鲜既可以弃核又可以在相当长的时期内维持自身体制与政权，渐进走向改革开放以及符合国际社会发展方向的现代化与先进化道路，首先需要周边国家与国际社会的并行努力，即朝鲜与周边的共同进化。表明弃核的战略决断与实施实现这一决断的政策，同时周边国家为朝核危机的后续事宜致力于各种外交努力，并且扩大外部经济支援，签订韩半岛和平体制，加快步伐改善朝鲜与周边国家关系。一直以来六方会谈都是仅仅致力于解决朝核问题，这的确是一个制度性制约。因此以美朝双边会谈及南北会谈为主轴推进多个多种形态的多边会谈解决朝核危机，进而朝鲜也要积极参与到建立解决朝鲜问题的对话网络中。

在这一点上，韩日两国对朝政策与统一的目的可称之为是建立韩半岛与东北亚新共同体。为此，韩国需要实践能够获得朝鲜与周边国家信任的外交基调。具体要追求以下政策目标：① 为东北亚和平与繁荣推进韩半岛和平统一、② 消解统一韩半岛的不安、③ 统一韩国的无核化保障、④ 周边国家(美、日、中、俄等国)的韩半岛相关利益保障等。

韩日两国需要致力于对朝关系正常化、贸易及投资活化、人员及社会文化交流增进等，使朝鲜在二十一世纪前半期与美国、日本等对东北亚地区发生强大影响力的国家建交并加速经济合作。朝鲜领导人与公民则需要积极访问周边国家，为确立符合国际标准的政治体制与经济体制以及新的理念体系，进行多种交流项目以及双轨战略对话，向青少年提供教育项目等。

还有必要慎重行事，避免夸大朝鲜的改革开放，使朝鲜政权处于危险境地或向其提供事态激变的口实。朝鲜的改革开放过程引起政治不安发展为安全威胁的情况，不论朝鲜还是周边国家都不是有利的。朝鲜转移到市场经济的过程中可能会存在很多失误，因此韩日两国需要对朝鲜的优先经济转换提供支援，使朝鲜能够在改革体制中稳定实现经济发展。追求市场经济与自由民主主义的周边国家还需要提供多样的教育项目，使朝鲜的经济主体迅速掌握市场经济运行方式并应用到政策上。

国际机构的对朝支援亦事关紧要，韩日两国可以为此努力。朝鲜的能源、金融、教育、社会福利等基础建设薄弱，应该不易建立经济基础。因此在短期内稳定经济并转移到市场经济上，需要建立以国际机构为中心、多个国家的对朝支援团队，开发帮助朝鲜改革开放的项目。

为解决朝鲜弃核与朝鲜问题的战略对话必定会扩大到韩日两国与周边国家的总体对朝战略上，并且会发展为考虑朝鲜地位的东北亚区域战略对话。

　　在此，韩日两国间的战略认识共享就有必要预先设想韩半岛统一。统一过程中，韩日为加大合作力度，需要具体化统一后的韩半岛状态，对统一韩国与日本间的战略关系设定也需要一定程度的讨论。并且为实现韩半岛统一的韩日间共同努力也会成为重要主题。相关主题可以考虑：① 统一后韩国外交政策方向上韩国的中长期战略以及与日本的合作、② 统一韩国与日本安全利益共同点上的协议与确信的扩大、③ 统一过程及统一后的巩固化过程中日本的作用与韩日间合作体制建构等。

4. 韩美日合作网络

　　韩国和日本始终以对美同盟为中心在战略合作层次相联系。但是这一同盟体制形成于冷战时期，并随着韩国与日本的国力增长发生了很多变化。尤其今后二十一世纪当中，美国国力相对削弱、中国兴起带来的美中势力均衡的变化、区域多边安全体制复杂化、传统安全以外的各种人体安全议题的出现、韩国与日本国力伸张带来与美国合作环境的变化、南北以及两岸关系等原有问题的新局面、东亚领土与历史问题的新局面等形势正在形成韩美日合作的环境。其中美国在亚洲采取了所谓亚洲重视战略，中国也以经济发展为基础寻求长期的对美竞争战略。韩国与日本正需要考虑即是谋求美中合作的同时，如何将东亚竞争性安全体制发展为共生复合网路。

在韩美、美日同盟发展方向与韩美日安全合作未来上，首先需要比较韩日对美国安全战略变化的认识，并扩大对此问题的共识。为此，需要① 认识到东亚势力均衡与安全建筑的持续变化，② 认识到美国的相对衰弱，③ 共同应对美国的全球战略及东亚战略变化，④ 关注美国全球再均衡(global rebalancing)战略以及亚洲重视战略的动向以及东亚海军力量重新配置计划等变化，并致力于在韩日间形成战略认识上的共识。

美国正在推进的东亚重视战略不仅局限于奥巴马政府，正在成为总体的美国亚洲战略。这一战略具体化为具体的同盟政策，对韩国与美国的安全战略也会发挥重大影响。因此需要注意的是① 韩日、美日同盟的强化与美国对韩美日安全合作的强调，② 美国对东亚多边主义的强调及战略具体化，③ 美国对韩美日安全合作的强调与韩日间的立场差异分析等。

在这种环境下，韩日应对美国广泛的东亚战略上升到最为重要的课题。美国亚洲战略的核心是如何应对中国的兴起并使其参与区域和平框架，如何使中国采取持续且不偏不倚的大国安全战略，如何与中国谋求共同发展东亚的经济合作等。为此，美国正在密切关注中国的核心利益论以及军事力量的增强。美国同时在与亚洲国家推进安全合作，对此需要比较韩日应对并确定共同努力的范围。

今后韩日两国为缓和美中之间的战略不信任,在各种东亚安全议题上合作的同时,需要早就美中同时参与的安解决安全问题认识框架。进而利用东亚多边安全机构以此提高韩日合作的效果。准备针对六方会谈利用方案的共同战略也是其方法之一,同时还需要扩大在ASEAN地区论坛(ARF),亚太安全合作理事会(CSCAP)等现有多边安全机构中的韩日共同合作领域。

韩日合作若得到进展,将会有助于促进美国对东亚安全建筑或多边安全合作上的适度的干预。最近美国在深化对缅甸、柬埔寨、越南等国的干预,并对南中国海上的航行自由保障法律制定显示出很高的关注度。美国的这一态度还与积极干预东盟地区论坛或东亚峰会(EAS)的趋势相联系。韩日两国基于在美中关系上的战略,为弥补在多边合作或东亚安全建筑构筑方案上的认识差距,需要进行不断的政策对话。

韩日政策对话可以考虑与澳大利亚、新西兰、东盟各国、印度等的安全合作方案。以韩日合作为中心,推进位于美中之间的东亚国家间的安全对话或非传统安全合作(灾害救助、人体安全等领域),将使东亚安全环境大为改善。

5. 全球层次合作方案

韩日合作完全可以超越东亚层次扩大到全球层次。首选,韩日对于全球战略的相互认识以及合作意向确认是最为根本的课题。除了以往军事力量上的安全威胁以外，还存在通过非军事手段的安全威胁、超国家安全威胁、海洋安全威胁等多边合作不可或缺的安全威胁上的合作可定义为非传统安全威胁上的合作。评价直至目前的韩日合作成果，同时需要摸索今后新的合作领域。为此可在以下几点上进行更为积极地探讨。

第一，有必要准备通过联合国框架在争端地区的活动、军民合作(CIMIC)、联合国主导维和行动(PKO)等领域上的合作方案。在此需要考虑在维和行动过程中如何分担功能性角色，如何准备韩日合作单独执行任务的体制，如何共享对争端国家的信息，制定维和行动合作法时如何形成相互交换意见的总体氛围等问题。还需要准备双边或多边合作框架下交换军事情报的适宜通道，同时重新检讨多层次安全合作网络中支援军需物资的灵活推进过程。

派遣国地区信息交换、派遣人员教育与训练、救护物资的共同运输、物资阿合作等合作可成为合作的对象。具体行动中不仅维和行动上可以合作，还可在救护行动、维持治安监督选举等活动中进行合作，物资合作亦可作为一个合作项目。

第二，需要建立在难民、环境、灾害、灾难紧急救助行动或扫除海洋非法行为及海盗行动等合作领域上的具体合作战略。海洋非法行为上升为重大安全威胁。其中包括海盗行为、海洋恐怖袭击、毒品运输、非法捕鱼、海上环境污染等。韩日两国在各自海域应对安全威胁，韩日今后在这一方面也可以进行紧密合作。

预防海洋非法行为是两国军队的主要任务，并且已经获得了相当大的成果，因此在这一领域可以进行紧密的合作。韩日可以在共同作战及信息交换、保护对方国家货轮等领域进行合作。2007年11月召开的韩中日领导人会议上，三国为加强在应对海盗与海盗恐怖袭击等海上安全部门之间的交流达成共识，这显示韩中日间的海洋合作也有充分的可能性。

海洋安全合作是超越韩日合作，易于扩展到韩美日、韩中日合作的领域，甚至还可以发展为韩美日中四国合作体系。韩美日合作与韩中日合作尽管有可能相互冲突，或在韩美同盟和美日同盟间有必要调整，但基于非传统安全威胁的特殊性以及全球合作的必需条件这一认识，这些领域的多边合作是最为可行的合作领域。

第三，共同防卫海上运输线上进行合作。韩国进口的石油中约90%，交易流动量30%以上都在通过马六甲海峡，而马六甲海峡是海盗行为最为频繁发生的一个地区。通过马六甲海峡的货轮始终暴露于海盗的威胁中。相关国家正在这一地区加快推进海洋安全合作。韩日两国都通过马六甲海峡运输大规模贸易量，两国应该可以在扫除海洋非法行为以及共同防卫马六甲海峡到本国的海洋运输线上进行合作。海洋共同防卫与防止海上非法行为合作相同，亦可摸索韩美日或韩美日中合作。

第四，灾害灾难及环境领域的合作。今后多样的新安全威胁要素之一就是环境灾难。最近气候变化成为了国际社会重要的安全威胁。尤其对于温室气体排放限制，国际社会正在希望通过建立新的制度进行应对。韩中日在恐怖主义及沙尘暴在内的环境合作上达成一致同意在超国家问题上相互合作，安全合作层次上韩日可以摸索能源安全、气候变化、沙尘暴、海洋垃圾等环境领域的合作。这一领域的韩日合作不仅局限于两国间合作，而有可能成为今后区域合作或国际合作的母体。

第四，在国际制度领域，有必要积极考虑在防止大量杀伤性武器开发的不扩散核武器条约(NPT)、全面禁止核试验条约(CTPT)、国际原子能机构(IAEA)、禁止化学武器公约(CWC)、凡森纳协定、核供应国集团(NSG)等上进行共同讨论与合作，在制度化领域推进合作。

第六，最近网络恐怖主义成为威胁国家安全的重要因素。由于通过非法入侵进行系统破坏、数据复制与阅览等行为对国家安全构成了显著的威胁，因此在应对电脑网络入侵与恐怖主义的方案及教育等领域也可以进行韩日间的合作。为应对网络恐怖主义的机构间的合作会成为提升韩日合作及韩美日合作到更高一个阶段的主要手段。

IV. 核能安全与能源合作

1. 前言

韩日两国在多种领域发展了合作关系，但在能源与核能(安全)领域和合作历史较短，还未进入正式合作关系。尤其对于几乎没有天然资源的两国来说，能源确保和能源独立等课题都是共同面临的重要政策课题，但两国实质性的合作关系可以说还未确立。

首先在能源合作领域，可作为两国合作课题的领域有多种，如：推进能源效率化及低碳化合作、可再生能源开发与技术合作、页岩气(shale gas)等新能源开采方法研发、天然气田开发与LNG引进等有关气田产业的整体合作(日本与韩国是世界第一、二位LNG进口国)、核能领域的技术合作等。

同时，东京电力福岛第一核电站事故(以下建成"福岛核事故")以后对核电安全性的关注提高，需要跳出以往的框架从新的角度推进两国间核能利用与核安全等合作。进而需要超越两国，以韩日为中心在东北亚地区开展核能合作。特别是为了防止类似福岛核事故的大型核电灾难在韩日以及东北亚地区再次发生，或者当两国发生核电紧急状况时保有确切的应对手段，通过密切的相互交流来应对危机，实现核安全合作已然是重要的政策课题。韩日两国作为持有核电站及其相关设施相对较多的国家，应当对以国际原子能机构(IAEA)为中心在全球范围内确保核能安全的国际合作作出积极贡献。

日本民主党政权在福岛核事故以后发表"创新能源及环境战略"(2012年9月)提出了三大目标：① 2030年实现"零核电"社会；② 节约用电10%以上，最大化可再生能源使用比例等绿色能源革命；③ 稳定的能源供应。不过，经济界和接受核电设施的地方自治体间的矛盾、国际信任度以及对于国家利益的影响等诸多课题待解决，日本政府把"创新能源及环境战略"指定为方针而不是政策。民主党政权提出的日本能源政策将来可能会重新评估，但对于韩国建立新的能源战略，韩日探讨能源与核能合作等方面有必要参考这一政策。

从上述观点出发，本文提议二十一世纪韩日两国能源政策及核能(安全)政策等两国可共享的共同价值，同时吸取福岛核事故的教训，提出后福岛(post Fukushima)合作的具体内容。

2. 能源合作：确立新能源范式(能源组合)

2011年3月11日，东日本大地震引发的福岛核事故对核能安全提出了重大的问题。但是在二十一世纪能源供给等情况发生的变化不仅仅是福岛核事故带来的对核能的重新检讨。有以下几个原因导致了目前的能源状态发生了大不同于二十世纪的变化。对于核能的未来也应考虑这些能源状况的变化而进行探讨。

目前的能源动态显示能源需求的大幅增加。根据国际能源机构(IEA)的《世界能源展望2012年版》执行摘要(executive summary)，到2035年为止世界能源需求将增加三分之一以上，其中60%是中国、印度、中东等地的需求。同时，发达国家的能源需求虽然处于平稳状态，但多个国家将由石油、煤炭、(一部分国家)核能转向天然气或可再生能源。这反映了能源中电力需求比例的增加。《世界能源展望2012年版》中预测到2035年为止电力需求的增长将两倍于能源需求的增长。各种发电方法中选择何种方法固然重要，但选择的对象相比以前复杂许多。

到2030年为止，化石燃料显然会继续成为能源来源的主力。但化石燃料的供给会大受伊拉克石油的利用可能性以及美国、中国、澳大利亚等国页岩气开发的实现可能性的影响。同时，化石燃料利用的扩大不能不考虑对全球变暖的影响。例如，煤炭虽然是丰富的可利用资源，但由于环境负担大，煤炭的利用程度只能大大依赖于"洁净煤技术(Clean Coal Technology)"或"碳捕捉与储存

表1. 韩中日核电现状

	运行中		建设中		计划中		合计	
	功率	机组	功率	机组	功率	机组	功率	机组
日本*	4,464	51	276	2	1,377	10	6,117	63
韩国	1,879	21	580	5	840	6	3,299	32
中国	1,188	15	2,764	26	5,748	51	9,700	92
合计	7,531	87	3,620	33	7,965	67	19,116	187

* 日本受到福岛核事故的影响，全部核电站运行、建设、计划均在重新检讨
资料：世界核协会(10MWe，2012年2月为准)

表2. 世界核电现状

运行中核电站	总443台机组, 30个国家
设备容量	370,373MWe
主要国家	美国(104台)，法国(58台)，日本(51台)，俄罗斯(33台)，韩国(21台)，印度(20台)，英国(18台)，加拿大(17台)，中国(15台)，乌克兰(15台)，瑞典(10台)
建设中核电站	61台, 13个国家
设备容量	61,654MWe
主要国家	中国(26台)，俄罗斯(9台)，印度(6台)，韩国(5台)，加拿大(3台)

资料：世界核协会(2012年2月为准)

技术(CCS: Carbon Capture and Storage)"的普及。

另一方面，核能作为二十世纪后半期以来代替化石燃料的主要能源，一直认为是经济环保能源。但是自从福岛核事故以来，德国或瑞士等部分国家放弃核能发电，选择了弃核。福岛核事故以后也仍然维持核电利用政策的国家在二十一世纪是否也会继续把核能作为核心能源，或者会摸索新的能源代替方案，这些都需

要文明史的重新定义。尤其对核能依存度较高的韩国和日本，在核能利用话语上需要在经济上的重新审视达成社会上的共识。韩中日成为核能利用的中心地区，其核电现状如上表所示。

福岛核事故以后，日本在降低核电依存度，提高可再生能源发电比例，力求形成新的能源组合。日本出台了"创新能源及环境战略"，以实现2030年代零核电，计划还包括节电10%以及加大三倍可再生能源生产。韩日两国一次能源组成也显示了从长远来看需要形成新的能源结构。

日本由于核电所占比例高，难以进行急剧的弃核政策，所以正在推进阶段性的持续的弃核政策。韩国与日本的情况有所不同，在福岛核事故之后仍然维持着核电扩大政策。韩国为应对用电急剧增加，目前只能依靠核电。韩国的能源消费量和用电量是世界第九-十位，用电增加率为平均每年6%。这比主要发达国家最多高出十倍，人均用电量为世界最多。因此，韩国实际上难以推行日本所选择的2030年代零核电创新核电政策，而应调整政策方向，逐渐减少对于核电的过度依赖。但是如果用电按照目前持续增加，电力供给将会非常不稳定。福岛核事故之后一年内，韩国的石油进口增加了6%以上，能源消费增加了3%以上，用电增加了9%以上。如果这种情况持续下去，却停止建设新的发电站，电力供给将必然出现危机。因此，韩国应当重新检讨缺失的电力需求管理政策、低廉的能源价格、偏低的可再生能源利用率等情况，对持续增大的能源消费制备出恰当的应对策略。

在这种情况下，韩国虽然要维持一定时间的"核电依存"范式，

表3. 韩日能源结构(2010年)

	总量 (百万toe)	一次能源组成(%)					
		石油	煤炭	天然气	水力	核电	再生
韩国	260.5	40.1	29.2	15.7	0.5	12.2	2.3
日本*	472.0	42.5	21.5	17.1	1.4	15.4	3.1

* 福岛核事故以后日本代替停止运行的核电站,临时增加了天然气发电比例。

但从长期来看需要转换能源范式,以抑制能源电力消费的增加。考虑到新建核电站以及火电站项目的艰难境地,有必要管理用电的增加,在这基础上设计最优化的能源组合。从实际角度考虑,韩国既然不能立即转向类似日本的"摆脱核电依存"社会的范式,就要构思与日本不同的韩国固有的能源范式,通过这种过程从长远上达到韩日共享的能源组合。

韩国与日本的现阶段能源范式以及最优能源组合都不相同,但是两国为实现以低碳绿色增长、环保可再生能源的积极开发等长期目标,需要推进如下四项,同时可以在这些领域进行韩日合作:① 建构能源低消费社会、低碳经济社会结构的国家层面的努力;② 可再生能源开发及能源技术革新;③ 页岩气等新能源开发;④ 东北亚地区能源合作体的探索。

1) 建构能源低消费社会 `低碳经济社会结构合作

韩国与日本的能源除了核电几乎全部依靠进口。这种资源不足国家今后的能源政策必定要以可持续低碳绿色增长为目标，最重要的是不能不以能源低消费社会转型与低碳经济社会结构转换为前提。因此，韩日两国要更加积极地推进减低能源消费政策及技术合作、为实现最优能源组合的国家层面的合作、能源效率最大化、能源开发技术合作(智能电网等)、消减碳排放技术合作等。目前两国虽然也维持着合作关系，但现在的合作还仅处于"能源政策工作会议"程度的有限范围，两国政府有必要以强烈的意志积极推进。

日本政府在"创新能源及环境战略"中提出到2030年用电量将减少到2010年用电量的约10%，最终能源消费基础约18.5%。这个方针虽然并未通过政府的正式决定确立，但可以预测日后新建核电站几近不可能，又由于化石燃料消费上的费用、温室气体排放等问题上具有局限性，能源效率化必定变得更加重要。特别是，有必要通过更新能源效率化设备、引入智能电表抑制使用最大电力时的需求、负瓦特(Negawatts：通过有效利用能源和节能而获得的剩余能源、新能源的概念)交易等市场机制来遏制能源需求，则技术革新、经济增长与能源效率化如何并行成为重要课题。

尤其韩国与日本不同，能源消费还处于持续增加的趋势中，有必要致力于管理能源消费不致其激增，在这些方面要与日本进行技术和政策上的合作。电力消费持续增加的情况下，对于新的能源范式的探索不可或缺，对于日本来说，韩国的需求结构和技术水平相似，与其进行能源合作也有可能会激励日本在能源效率化技术上的投资。

2) 可再生能源开发及能源技术革新

为探索新的能源范式，需要致力于分散核电所占的比重。这需要可再生能源的持续开发和能源技术革新。韩日能够合作的可再生能源开发及能源技术革新有太阳能的研究开发、太阳能发电站建设项目等，还可以考虑韩日共同支援共建太阳能发电站等方案以激活市民社会的能源转换。除此之外，全面扩大在风电、水电、地热、太阳能发电、生物能源(biomass：利用生物有机体作为能源)、海洋能发电(潮流、波浪)等可再生能源(自然能源)上的合作也是重要的。特别是海洋能发电如果技术开发顺利进行、渔业问题等得到解决后会大有前途，韩日在这些领域合作从国际上和战略上来看也是有利的。

日本在2011年8月由国会通过了"有关电力公司可再生能源电力调配的特别措施法案(可再生能源特别措施法案)"，并从2012年7月开始正在施行中。该法案的核心内容是电力公司以固定价格收购通过可再生能源生成的电力，而后将其反映到电费中，实施"固定价格收购制度(FIT: Feed-in Tariff)"。虽然还有待解决的收购价格和收购时间、接入输电线等课题，但"可再生能源特别措施法案"的出台和"摆脱核电依存"政策一同扩大着太阳能发电上的投资，这将大有利于日本的能源结构以可再生能源为中心的重整。

另一方面，对于"可再生能源特别措施法案"也有负面意见，即固定价格收购制度的问题(伴随电费上涨加重的国民负担、收购价的可行性等)也需要完善。如果韩国引入日本的该制度，两国应该能够以日本的经验为基础，在可再生能源开发及施行、能源技术革新等领域进行合作。

"可再生能源特别措施法案"出台后，日本的海上风电场加快了其建设。东芝、日立造船等6个公司将在以后10年内投资1200亿日元，在海上建设发电量30万kW级风电场，到2030年计划将规模扩大到800万kW。韩国也在济州岛、东海岸等地运行小规模风电场，并计划以西南海为中心增设风电场，因此是韩日合作能够获得实际成果的领域。同时考虑到中国企业在太阳能或风电领域的较大比重，也可以探索将其连接成为韩中日的合作。

3) 页岩气 、页岩油等新能源开发及引入上的合作

最近以美国为中心页岩气(shale gas)作为重要能源受到关注。页岩气与天然气成分几乎相同，确认储量是自今可使用60年的规模。由于页岩气埋藏在岩石中，至今难以生产，但最近开采技术的发达和国际原油价格的上升使其成为了新的能源资源。页岩气、页岩油等是转型到低碳绿色社会的过渡性能源，对能源、产业政策也发生影响。

页岩气的生产使天然气以及石油的进口量减少，不仅使煤炭价格下跌，天然气价格更是下跌到五分之一的程度，提高了天然气发电的价格竞争力。即能源费用减少强化了制造业等行业的竞争力，对延迟核电站建设计划等产生了影响。美国29个核电站建设计划中只有2个计划在推进中，而天然气发电站自2011年到2015

年间预计建设258个。

美国与中国自2009年以来推进了页岩气储量评价、开展开发促进等共同技术研究、促进开发投资等能源合作，中国与日本的能源企业扩大了同跨国能源企业共同开发及对外资本投资。因此，韩日两国为了应对页岩气量产带来的国际能源产业结构转换，也要强化页同岩气开发国的能源合作，并反映到"能源基本计划"上，提高天然气比重。(页岩气进口扩大，能够遏制对中东的能源依存度，多元化引进气体能源。)同时，为应对页岩气开发引发的环境污染忧虑，在研究开发上也要求合作。

另一方面，有报道说日本秋天县鲇川油气田中开采页岩油获得成功，预计在排他性经济水域埋有足够日本使用天然气100年的天然气水合物。但在此类新资源开发中效益和技术可能性仍然成为课题，日后的研究开发是最为重要的。

基本上韩日还是有很大可能性继续留作天然气进口国，因此要求两国通过能源供需结构的再调整在共同确保以往天然气或页岩气等课题上进行积极的韩日合作。例如韩日作为俄罗斯天然气的进口国可以进行恰当的合作。

4) 探索韩日能源合作体

韩国与日本是典型的能源进口国，大部分石油、LNG等都依靠进口。因此通过两国间能源合作的体系化、能源供需合作等强化能源合作，进而推进韩中日(东北亚)能源合作，在能源安全保障的立场上也与国家利益相关。韩日在能源进口及电力生产结构、核电依存度等上具有非常相似的能源结构及政策，以两国间能源合作为基础，尽可能要探索韩中日能源合作。其间两国政府虽然试图过建立能源合作体，但并没有积极推进这类政策。因为两国都认为能源是本国经济不可或缺的基础，而看重了能源自立。

可是韩日都在向先进社会过度，经济增长和能源自立固然重要，但能源政策要在环境或者地区合作的框架里得到推进。因此两国首先要通过能源政策信息交换同享问题入手，探讨推进能源合作体的具体方案。例如，通过海底光缆建设等连接韩日电网实现稳定的能源供给、紧急情况下在能源供给上进行两国或地区合作、共同进口及共同输送石油、天然气等、国家能源组合合作等都可考虑作为具体的合作事宜。通过这些努力，将来可以期待在韩日基础上加入中国而发展成为韩中日能源合作体，并以韩中日合作事务局等为中心摸索具体合作方案，即可进行有效的合作。为此两国政府应持有积极的推进意愿，着手开展政府层次的合作。

通过建设海底光缆，韩日或韩中日三国电网若能连接起来，则既能在紧急情况下电力相互供给，又能对通过自然能源产生的电力进行交易，而顺利实现自然能源的供给。再者，如果日后电网扩大至整个亚洲，就能完成亚洲的超级电网，因此该项目应该作为韩日长期推进课题来研究。

3. 核能合作：核能安全合作制度化

福岛核事故之后，核能安全的重要性得到了重新认识，由于核能灾害的跨国性特点，同时强调国际核能安全合作，以实现国际社会共同管理核能发展安全。2011年5月，韩中日三国领导人虽然签署了"核安全合作倡议"，同意强化核能安全合作，但不应仅限于峰会共同声明的宣言性合作。为进行具有实效性的核能安全合作，有必要制度化政府层次的"核能安全协议体"。即，为强化核能安全，应制度化韩日核能安全合作，致力于从国际安全的角度管理核能安全进行合作，同时共同应对福岛核事故的遗留课题。

1) 核能安全合作制度化

韩国与日本作为核电即核能安全领域具有代表性的先进国家，维持着多种合作关系，最近又通过签订韩日核能合作协议进一步强化了核能合作关系。两国在核能出口上既是竞争国，在核电安全技术、新型核反应堆开发等研发、安全领域又是合作关系。两国通过"核能协议会"以及""核能安全信息交换会议"等推进两国间合作，福岛核事故以后有关核能安全的两国合作呈更加强化的趋势。核能安全方面能够合作的领域有核电安全强化研发合作及国际安全合作、共同建立核电发生事故时危机应对系统等。

首先，为强化核电安全，可在交换核电安全信息、培养核电技术人员、共同制定核电安全运行指南等领域进行合作。同时，通过福岛核事故的经验教训，也可考虑以下合作，如预测发生事故时的放射性物质扩散或居民避难途径、低水平辐射人员的健康管理等。为进行上述合作，也可推进在韩国核能安全委员会与日本安全规范组织间签订合同。

又，切尔诺贝利核电站事故后采纳了多种国际条约，如"核事故及早通报相关条约(及早通报核事故公约)"及"核事故或辐射紧急情况援助公约"(核事故相关两项公约)、"核安全公约"、"乏燃料管理安全和放射性废物管理安全联合公约"等核安全相关国际法，也可依此提高核电安全性。正如本报告书环境合作部分详细论及的，尤其应研究根据及早通报核事故公约签订具体施行韩日相互及早通报事态的双边条约，强化紧急情况时应对能力的两国互助体制。同时，在建立放射性灾害应对体制上的合作、污水处理等海洋污染防治、污染土壤净化等污染处理技术的研发领域上合作亦为福岛核事故后吸取教训的韩日合作课题。

最后，当类似福岛核事故发生后为了相关当局能够联合应对事故，希望建立核电信息同享以及核电事故应急网络。韩日一旦建立事故应急网络，则可在核电相互监视、核电事故赔偿等事务上与IAEA合作进行。韩日不仅平时要交换信息，还应当及早制度化紧急事态时的沟通网络。如前所述，具体实施及早通报核事故公约的韩日间双边条约签署后，该条约可作为两国间互相紧急通报的法律依据，将为两国个合作提供巩固的基础。

有关核能安全合作的框架有必要致力于推广到东北亚地区，

特别是韩中日三国层次。特别是中国拥有大规模核电建设计划，有必要将中国参与到合作核能安全合作当中，以此构想韩中日三国间(或东北亚)核能安全合作体。中国具有俄罗斯、法国、加拿大等多个国家开发的反应堆，今后还有建设50台以上反应堆的计划，从这一观点上韩中日也足以有必要推进核能安全合作。韩中日之间2000年以后已经举办"核安全监管高官会"、"核安全信息交流会"等会议，今后则有必要通过韩中日峰会等条约化、具体化核能安全合作，考虑到制度化合作，亦可设立韩中日核合作事务局承担具体业务。

2) 后福岛(post Fukushima) 韩日合作

核武器、核电等核能相关安全保障本身已具有复杂的特点，但是福岛核事故使情况变得更为复杂。一直以来"核安全(nuclear security)"这一概念是与军事力量相关的核武器问题，区分为承认核能的和平利用而反对用作军事目的的不扩散核武器问题(nulear non-proliferation)以及和平利用核能上的安全性问题(nulear safety)。但在福岛核事故之后，核电安全问题作为有关国家安全保障的重大问题而得到广泛认识，"核安全"与"核电安全"不得分开考虑的意见逐渐得到认可。在福岛核事故情况迫切时，不仅当事国日本，韩国也由于核事故产生的放射性物质"飞散"、"漂抵"危险度高，也从国家安全层次关注了福岛核事故。

2012年，日本修改了称作核能之宪法的"原子能基本法"，在核能利用目的中新加入"为国家安全保障作出贡献"一句。而围绕着此句中的"安全保障"一词，产生了"是否意味着军事利用核能"的疑惑。该修改虽未经过充分的审议，但日本政府强调基本法开篇所主张的"核能利用仅限于和平目的"理念并无变化。此次困惑正是来自于这一认识，即，如果将"安全保障"定义为对公民的重大威胁，则核能的军事利用、核不扩散、核电安全性均有可能成为"安全保障"对象。

不论是韩日还是国际社会，至今更加重视核不扩散，而将核电安全有倾向仅仅视为核电站运营主体电力公司的责任。但由于福岛核事故对核电安全的认识得到强化，认为核电安全亦是与国家安全直接相关的事宜，核电事故具有"安全保障"的意义。例如易于发生"失水事故(LOCA)"的核电站受到军事攻击或恐怖袭击时，就会发生大规模放射性污染与社会混乱。因此认识到核不扩散体制中的"核安全"问题与核电利用上的"核电安全"概念要同时管理的而不应分开思考的必要性，就需要重新建构能够同时管理与控制"核安全"与"核电安全"的新概念。

正如韩中日领导人已达成共识的，三国必须要共同吸取福岛核事故的教训。日本由政府、国会、社会提出了多份事故调查报告书，都提出了共同的意见，即此次事故虽由地震即海啸引起，但作为企业单位的东京电力与作为监督者的政府对"严重事故(severe accident)"的认识不足是导致无法阻止事态扩大的原因。这意味着核电站当然需要更加强化对可预测的灾害、事故或误动的防护，但同时政府或核电经营者的安全文化水平也要得到提高。核电要求高度的专门性，同时又因为存在利益相关者的利害关系，具有陷入封闭的管理体制的危险性。为防止上述现象，在明确经营者与安全监管者关系的同时，推行国际间相互监督会具有成效。国际监督可以考虑国际原子能机构(IAEA)或地区层次的相互检查，韩日间具备如上应对态势意义显著。

在强化核电安全的研发领域，可以考虑更加安全的下一代(第四代型)反应堆或小型反应堆的研发。日本的核能政策今后的方向还有不确定性，但韩日两国至今开展共同参与国际新型反应堆开发与技术人员交流等项目。如果日本继续研究核能，这些合作可以制度化为两国间的核能安全合作体制。

3) 和平利用核能合作(禁止军事利用)

韩日两国至今通过不扩散核武器条约或韩美、美日核能协定等多种国际条约及正式声明承诺遵守核能和平利用与核不扩散体制。韩日间也于2011年签订核能合作协定，通过协定规定了核能的和平利用。毫无疑问，韩日应根据核能合作协定强化核不扩散合作，利用核能限定在和平利用上。核能应该仅限于和平目的，加强政策及技术合作以强化核不扩散体制等。

上述观点来看，处理核燃料循环对韩日两国有重大关系。日本向来以确立核燃料循环为目标，在美日核能协定中再处理也得到承认。但在福岛核事故后，对核燃料循环政策进行重新检讨的同时，对通过再处理获得的钚的管理和乏燃料的处理问题也在重新检讨中。根据日本重新检讨的方向，有可能成为有待2018年更新的美日核能协定的争议焦点。

另一方面，韩国目前并不具有核燃料循环计划，但定于2014年更新的韩美核能协定修改协商过程中在讨论这一问题。围绕核燃料循环的问题包括和美国的交涉等比较复杂，目前韩日间并未考虑具体合作。不过从核能和平利用这一"核安全"的观点来看，或以乏燃料安全处理这一"核电安全"的观点来看，均是重要的问题，两国间至少交换有关核燃料循环的信息是值得考虑的。

Ⅴ. 环境合作

1. 前言

1) 韩日间环境合作的意义

韩日两国完成了工业化并施行民主政治体制，对于两国社会环境问题是优先顺序在前的课题。两国曾一同致力于克服由迅速的经济增长带来的重大环境破坏，而现在整体社会中对保全丰富的自然环境等非经济性价值获得了强有力的支持。不顾及环境的经济增长不可持续的认识也得到普遍赞同。国际研究成果也显示在先进国家当中两国国民对环境问题尤其关注。两国都实现了稳定的民主主义体制与自由的公民社会，因而在政治上不可能无视国民对环境的高度关注而追求经济增长。不仅如此，还普遍认识到实现兼顾环境的可持续社会才是面向未来的目标，并且是值得推进的政策课题。

同时，环境问题也成为国际社会上非常重大的关注对象。举例来说气候变化，即应对全球变暖问题现在是全世界瞩目的政治课题。将来新兴国家经济增长持续下去，海洋污染与跨界大气污染等超越国界的环境问题将更为严重。再者，这些问题同能源相关，与全球资源问题又相联系。围绕地球上稀有天然资源管理的问题，对能源等不足的两国是更为切实的现实课题。

如上所述，应对环境问题的必要性是两国公民社会与国际社会一同认识的共同课题。因此韩日两国即使在政治、安全、经济等其他领域遭遇矛盾与困难，这一领域却极有可能继续维持对话与合作。又，该领域的合作不仅在政府层次进行，在地方自治体或多种领域的研究人员、公民团体、经济团体等都会经常且长期参与，因此亦可以期待韩日两国间形成坚固的网络。

进而，在环境领域的合作中，韩日两国作为体现了自由公民社会的民主主义国家，有助于向全世界宣扬追求公民价值的两国责任，极有可能通过优秀的社会技术提高国际威望。同时，环境领域活动中可信赖的科学知识非常重要，因此需要优秀的科学技术水平以及信息公开、知识不受政治歪曲的整体制度的透明性。在这种层次韩日两国通过这一领域的合作，作为东亚可信赖的国家向世界显示其存在。环境领域合作可作为绝好的的机会。

2) 环境问题的多样性与环境合作的多种类型

在环境领域即使一般都有强大的社会基础，个别环境问题却均有不同，其性质也各不相同。由于韩日两国的立场或利害关系、优先顺序或接近方式不同的领域也不在少数，因此两国间合作方案也根据环境问题的类型和性质不会相同。在这一意义上，可从以下几个角度查看两国合作的可能性或具体方案，基于现状采取现实的接近方式。

第一，对环境产生的负面影响止于一国范围内的环境问题目前仍有很多，这些问题主要通过国内政策或制度设计可以解决，如限于一国的大气污染或水质污染、土壤污染等。此时需要的国际合作主要包括科学及技术合作，学习别国实践方案，在本国实践中作为参考。不过，从前被认为是一国国内问题的环境问题由于科学知识的发展与认识的变化，重新上升到国际环境问题的案例在增加当中。生物多样性的减少或化学物质污染是典型案例。

第二，两国共同应对才有可能解决的问题。这些问题有相邻国家间跨界大气污染等相邻国家间跨界环境问题，还有栖息地或移动范围跨越两个国家的濒危物种问题。这种情况引起问题的国家和受害国不同，仅通过一方难以应对问题，只能通过相互合作才能解决问题。

第三，有些问题是超出相邻两国，负面影响扩散到更大范围的跨界环境问题。对此，需要超越两国框架，在地区层次应对。这些问题随着中国经济活动的急剧增加，在东北亚地区正在逐渐增加。例如，大面积跨界大气污染(酸雨、沙尘暴、pm2.5)、区域海洋污染等。同时，尤其在福岛核事故之后，由核能利用带来的周边地区放射性污染受到进一步关注。这种情况下同一地区内的国家有时会受到相同程度的影响，有时所受影响因国而异。但是以大气与海洋等超越国界的物理性联系为前提，污染物通常都会超越国界扩散到广泛的地区。因此相关地区国家必须以正确的科学数据为基础共同制定规范，否则无法有效应对。因此这些跨界环境问题仅由韩日两国无法期待理想的结果，尤其缺少中国的参与则很难期待理想的结果。

最后，负面影响并不停留于一定区域而扩散到全球的环境问题，即全球环境问题。这或者是大多数国家引起问题的同时又受到其影响，或者是在不属于任何一个国家范围的地区或空间发生的环境问题。例如，前者有全球变暖、臭氧层破环，后者有公海污染、栖息于公海的濒危物种、南极地区环境破坏、宇宙空间污染等。这些问题只能在全球层次才有可能解决。但这其中大部分发生机制并未通过科学研究清楚，应对技术有限，负面影响在空间上和时间上都很大，难以恢复。因此所有国家都要以最新科学技术为基础致力于防止防护则难以解决。例如引起全球变暖问题的主要温室气体之一CO_2排放量，韩日两国排放量合计不到全球排放量的5%。因此要有效应对这一问题，则要包括中国和美国的国际合作体系才能解决。又，为消减CO_2排放，就需要提高能源效率，并降低对化石燃料的依存度，为此推进新可再生能源的开发与利用等仅靠韩日两国的应对是有限的。

3) 提议韩日间环境合作的三个领

以上述讨论为基础，我们试图讨论并建议在三个领域上进行韩日间环境合作。第一，应对区域内跨界环境问题。因为东北亚地区的多数跨界环境问题其性质上只有韩日两国合作才有可能有效应对。同时，韩日两国在具备高透明度合作框架后，将来可以主导区域合作的框架，获得中国等相关国家的参与，以打开发展为整个东北亚地区合作的可能性。

第二，应对气候变化即全球变暖问题。该问题与能源问题密切相关，涉及国家的重大利害关系，在有关温室气体减排的国际磋商上韩日两国持不同立场。但在探索有效的减排方法以及适应问题上，以本国经验为基础推进合作将有助于解决问题。这是因为一方面韩国开始积极干涉该问题，在国内施行了各种政策，同时引进了绿色气候基金(GCF)。另一方面日本不仅要推行现有国内政策并推进国际应对，还希望降低核电依存度，则确实有必要对能源效率化与全球变暖采取更加积极的措施。

最后，对环境保护作出贡献的韩日两国ODA，即环境ODA上的合作。韩日两国作为经济合作与发展组织(OECD)发展援助委员会(DAC)成员国具有相同身份。换言之，两国是以人道主义及人权、法治、民主主义等价值为基础开展援助政策的民主主义国家，若两国合力推进环境ODA，将有助于实现作为国际社会普遍价值的环境保护。进而可望以此在国际上提升韩日两国的威望。

2. 区域跨界环境问题应对

包括韩日两国在内的东北亚地区具有多种跨界环境问题，如酸雨、沙尘暴、pm2.5等跨界大气污染、海洋垃圾等海洋污染、迁徙物种的减少、利用核能带来的放射性污染危险等。1992年联合国环境与发展会议(UNCED)成立后，为应对跨越国境的区域层级环境问题，包括韩日两国在内的相关国家中出现多种方式的跨界环境合作。不过也有认为这些合作在现阶段对解决问题不够充分。在这种情况下，韩日两国为促进更加有效的应对，需要从实践角度出发，从多种层次推进更加紧密的合作。此时现有国际法规范无疑是一个主轴。

1) 认识问题与共享前景的必要性

作为韩日间跨界环境问题的大前提，首先两国必须要在东北亚地区跨界环境问题的认识上得到共识。

一直以来东北亚地区的各种跨界环境问题都认为一直存在或有存在的可能性。例如有酸雨、粉尘(沙尘暴、pm2.5、pm21、气溶胶、黑炭等)、光化学烟雾等跨界大气污染问题、东海漂流垃圾等海洋污染、伴随利用核能的跨界放射性污染危险、渔业资源中部分海洋物种(红毛蟹等)资源状态恶化、作为候鸟栖息地的湿地减少等。

但是对于这些跨界环境问题韩日两国难以说以共同科学知识

为基础共享了深入的认识。其中最为典型的问题就是跨界大气污染问题。例如东亚地区的酸雨问题由来已久，但事实上日本国内并未明确观测到其影响，而韩国却认为有可能受到其危害。又，最近有多位科学家提出粉尘与光化学烟雾对日本的跨界危害，对于这一问题也并不存在国际上的共同认识。这些问题都被认为是起因于两国仅在本国内对大气污染进行科学调查研究，而并未根据共同的影响指标充分施行共同监测的结果。

这说明有必要共同应对的具体环境问题上两国并不共享科学知识，而缺少了一个开展合作的大前提。因此韩日两国首先要关注到这一点，并根据共同的影响指标在真正意义上积极推进共同监测并分析结果，在有可能发生的跨界环境问题上共享科学知识。为此，两国政府要大力推进科学领域的具体合作，并从这一观点出发对现有的界环境问题合作进行验证。

再者，韩日两国面临的跨界环境问题有必要在东北亚或东亚这一更加广泛的地区层次思考。即，在不限于韩日关系的更大视角定位环境问题与合作的意义。东北亚包括正在迅速发展经济的中国、具有广大沙漠的蒙古以及最近在远东地区积极推进开发的俄罗斯。以跨界大气污染为例，韩日两国在东北亚地区处于受上述国家偏西风的位置，两国大有可能同受其影响。因此对于这些周边国家，尤其是对经济急速增长的中国极其重要的是应使其参与跨界环境合作，建立并维持具体的具有实效性的合作体制。为此，韩日两国需要以现有合作成果为基础强化多种层次的合作并探讨具体选项。从这一点来看，日本着眼于全球变暖和大气污染的相关性而提倡的同时减排协同效益方式(Co-benefits型)的可行性研究亦是从长期上有助于合作的一个方向。

韩日两国要充分关注上述几个方面，对跨界环境问题应对建立共同目标，明确共享具体实际的目标和优先顺序与战略。为达成目标，无疑需要设定有效的合作体系，并通过这一体系来运用。因此就需要从现实的角度出发，验证现有合作方案，在整合的意义上重新建构这些方案。

2) 验证现有合作：从"对话"到"行动"

为应对东北亚地区跨界环境问题，已经存在包括韩日两国在内的多个层次国际合作。广泛讨论各种环境问题的重要论坛有根据韩日两国间签订的"韩国政府与日本政府在环境保护领域的合作(韩日环境保护协定)"(1993)建立的"韩日环境保护合作协同委员会"(1994~)、韩中日三国间有韩国主导的"韩中日三国环境部长会议"(TEMM)，东北亚六国间有韩国主导的"东北亚次区域环境合作项目"(NEASPEC)(1993~)，除朝鲜以外的五国间有"东北亚环境合作会议"(NEAC)(1992~)，亚太地区国家间有日本主导的"亚太环境会议"(ECO-ASIA)(1991~)。ASEAN也包括进来，则还有"东亚峰会环境部长会议"(EAS-EMM)(2008~)、"ASEAN+韩中日环境部长会议"(2002~)。对于个别环境问题，与海洋污染相关的有联合国环境规划署(UNEP)下属韩中日与俄罗斯共同参与的"西北太平洋行动计划"(NOWPAP)(1994~)，与跨界大气污染相关的有由日本主导韩国与日本等十三个国家参与的"东亚酸雨监测网络"(EANEAT)(1998~)以及韩国主导并开始的"东北亚远程大气污染联合研究"(LTP)(1996~),与危险废物国际交易相关的有"预防危险废物非法越境转移亚洲网"(2003~)等。

这些各类合作项目自1990年代出现以来,到目前一直持续并行。可以看到不仅韩日两国间的项目,多国合作项目大部分也都由韩日两方中的乙方提议并主导实现。同时,虽然个别项目程度上有所差异,但大体上都由韩日两国提供财政支援等方式积极参与其中使项目得以维持。

根据这些合作项目在该地区施行的跨界环境合作与欧洲国家尤为活跃的区域跨界环境合作相比,整体上有如下几个倾向:①除韩日两国间合作,其他合作并不以条约等法律形式进行而是根据政治共识进行合作;②有部分项目进行具体合作,但整体上以政策对话或信息交流为主;③不仅是长期目标,设定解决实际问题的具体目标与优先顺序、协调行动的结构也不太完整;④国际机构与非政府机构的参与优先或未能得到认可,运营上透明度不高;⑤多数合作项目间不存在实质性的相互联系。

现阶段对于这些合作项目的实效-个别项目实现多少既定目标-存在不同意见。不过不可否认的是对于其结果在韩日两国研究人员当中未能受到肯定性评价。其理由有多种,但正如上述情况,对于需要应对的跨界环境问题上,缺乏包括科学知识在内的共识不足是根本因素之一。在上述特点起到消极作用的同时,包括韩日两国在内的主导权冲突也被视为一个因素。但对于现有合作项目的有效性，包括其理由，几乎未经过全局性的深度检讨，因此也不可否认以上意见也仅限于一般性推论。

1990年代开始出现包括韩日在内的东北亚地区跨界环境合作以来已经经过了近20年。韩日两国为推行现有合作项目以各种形式支付了相当大的费用，长期以来从多个层次持续进行了政策对话与信息交流。但值得忧虑的是，即便如此其成果并未体现解决问题的具体方向。现在就不能使其间的成果仅停留于对话水平，而要联系到有明确目标的具体行动上。

因此韩日两国需要详细验证目前跨界环境合作上的成果，根据验证结果-有可能伴随重新建构现有合作项目-认真思考对应对方案的正式研讨。在这过程中起到关键作用的是如前所述韩日两国对问题认识及前景的共识。与此同时，另外一个重要的视角是推进公民社会各个领域有意义的参与。韩日两国要动员各自具有的多种资源，利用现有合作主导权，为摸索一条涵盖重新建构在内的整体开展方向，积极推进包括对现有合作项目的验证和实际选项在内的具体考察。

3) 程序上推进跨界环境合作：国际规范化的可行性

最近关于跨界环境合作的国际规范的发展向韩日合作提供一个可能的方向，即，对于各类跨界危险活动-有可能在物理上给他国造成重大负面影响的活动-或者紧急情况下-对他国造成损害或处于紧急危险当中的情况-向有关当局赋予实行一定程序义务的条约正在显著增加。具体有对跨界危险活动的跨界环境影响评价、有关当局对潜在受害国提请活动许可或事先通报及与相关国家协商、紧急情况通报、环境危险与影响监测、公布结果、信息交流等在内的执行程序。

韩日两国作为签约国参与的条约中"海洋法国际联合公约(联合国海洋法公约)"、"防止倾倒废弃物及其他物质污染海洋的公约(1972伦敦公约)"、"对核事故及早通报的公约(及早通报核事故公约)"、"有关核安全的公约(核安全公约)"、"乏燃料管理安全和放射性废物管理安全联合公约"及"有关生物多样性的公约(生物多样性公约)",要求成员国执行并促进部分程序。环境领域这些程序的普遍重要性也在里约宣言(采纳于UNCED)中表明过。联合国国际法委员会(ILC)采纳的"危险活动所致跨界损害的预防"条文草案(2001)也以执行其程序规定为义务的核心,以求预防发生跨界损害并最小化其危险。同时,由于不执行如对跨界危险活动的跨界环境影响评价、通报及协商等事先程序执行义务而发生争端的国际环境纠纷也在增加中。加上国际法院在最近的判决中肯定了在施行跨界环境影响评价上所有国家具有一般国际法普遍适用的义务。("乌拉圭河纸浆厂案"国际法院判决(2010))国际习惯法中紧急情况通报义务正在确立中,事先程序施行义务无疑也在一步步形成。

上述程序既能对预防发生跨界环境损害或最小化危险作出贡献,同时有助于相关国家间避免发生国际纠纷。并且能够在相关国家中维持经济开发和环境保护的平衡,引导国际社会利用可持续发展的天然资源。尤其在1990年代以后，由于上述程序既没有从实体上限制当局对跨界危险活动或跨界紧急事态的权利，又能够管理跨界环境危险，成为了国际社会关注的方法。并且最近接受公民社会的请求，为了使一般群众也能够参与到上述程序中-相关信息公开、决策时听取意见等-而向当局请求的条约也在增加。这是通过高透明度程序确保在国家层次应对环境问题的正当性，提高实效性的整体趋势。

但是是否通过条约具体规定上述义务在现阶段欧洲地区与亚洲地区具有相当大的差距。前者在具体施行上述多边条约的相邻国家间也有双边条约，在有关跨界危险活动全局的执行程序上也有规定具体内容与方法的条约。(典型案例有联合国欧洲经济委员会(UNECE)通过的跨界环境影响评价公约(1991)。与此相反，后者几乎没有类似的案例。韩日两国间也并不存在这类规定义务的条约，甚至连明确规定执行程序的无约束力的协议也不存在。但韩日两国同时作为签约国的联合国海洋法公约、上述核能相关三个公约、生物多样性公约都仅仅是以一般形式明示对程序的实施义务或促进义务而已。因此为了根据这些公约在具体情况下顺利执行程序，需要建立机制对当局的决定权有所限制并在相关国家中实现工作上的便利。

因此韩日两国应密切关注程序有效性与国际动态，从长远观点出发，在建立法律框架起到主导作用，以支持在东北亚地区程序的具体执行。至少要在上述多边条约所规定的程序执行义务上签订双边条约具体化一般性内容的相关规定，进而一同积极参与签订地区范围的条约。在这一点上，韩国政府与韩国环境政策评价研究院(KEI)希望在东北亚地区引入跨界环境影响评价的对话尝试值得高度评价。长期来讲，在东北亚地区有必要实现类似UNECE跨界环境影响评价公约的全面事先程序多边协议。不过考虑到现阶段韩日两国的国内法规等条件，则要认识到建立跨界环境影响评价体制实际上不太容易，因此在建立长期目标的同时实现短期目标也非常重要。

从这一点考虑，对紧急情况通报义务，尤其是具体化核事故及早通报公约或联合国海洋法公约的义务内容作为短期目标将是有效的选项。这项合作相对容易实现，韩日两国有必要积极推进。欧洲有很多案例可作为范例，尤其是有关核事故及早通报相关的案例。这类双边条约不会对及早通报核事故公约签约国赋予新的义务，并在实际工作中有助于程序顺利施行，相关国家政策或法律制度的费用又相对低廉，妨碍其实现的壁垒会比较低。实际操作上可以先从不具有条约约束力的无约束力文件出发，进一步将其发展为条约形式也是一个方法。

而且上述跨界环境问题从更大的地区角度考虑，从长远来看这类双边体制有必要发展为包含中国等国的多边体制。从这一点来说，2008年以后韩中日每年都举办的"韩中日三国核安全监管高官会"可以成为一个起点。本报告书的核能安全以及能源合作领域亦曾言及，从核能安全合作领域的"后福岛韩日合作"角度出发也是需要积极推进的方向。日本政府通过福岛核事故在向周边国家直接畅通地提供相关情报上吸取了重大教训。从这一点来看，韩日两国为谋求紧急事态通报的实际工作顺利开展而建构具体机制将对东北亚地区推进跨界环境合作作出重大贡献。

如果这一合作能够发展为具有法律约束力的条约形式，则不仅在东北亚而且在亚洲地区会作为重要先例在推进跨界环境合作上起到肯定性影响。两国共同在欧美以外地区为实现国际社会已然不可否认的普遍价值建立宝贵的先例，在全世界也会具有其地位。同时，在程序上推进公众参与主导成熟的公民社会亦可作为民主主义国家提升其威望。

3. 应对气候变化

1) 气候变化问题的现状与韩日应对

导致气候变化的原因有自然因素和人为因素，目前国际社会的重要讨论对象是由后者引起的气候变化。因此，从狭义上来讲气候变化问题可以说是"由于人类活动直接或间接改变整个地球大气成分而引起的气候变化问题"。即，根据"联合国政府间气候变化委员会(IPPC)"第四次报告书(2007)，直至2005年的前100年间世界平均气温上升0.74(0.56~0.92)℃，平均海平面在二十世纪中上升了17(12~22)cm。观察这些事实以及大范围的冰川融化等现象，地球变暖无疑是事实，几乎可以确定是由人为因素引起的温室气体排放浓度的增加。本报告书作出预测二十一世纪末(2090~2099

年)相比于1980~1999年，假设全球范围内实现环境保护与经济发展同步进行则会增加1.8(1.1~2.9)℃，假设继续重视化石能源高速发展经济则会增加4.0(2.4~6.4)℃。

韩日两国以国际上共有的科学知识为基础，各自致力于温室气体减排和遏制。韩国政府在2010年4月制定了"低碳绿色增长基本法"推进以五年为单位的气候变化对策，为此组成了总统直属"绿色增长委员会"，设立了"温室气体减排中心"及"全球绿色增长研究所(GGGI)"。2012年7月，预告立法温室气体排放权交易制度，2015年1月确定引入制度。同时，韩国政府预告"温室气体排放权配额及交易相关法律"施行令，对一次计划期间(2015~2017)对所有行业无偿分配排放权。目前对温室气体大量排放设施进行目标管理制，但对减排程度与制度有效性仍然存有争议。同时，韩国2012年10月20日二次理事会上被选为"联合国气候变化框架公约(框架公约)"下新设"绿色气候基金(GCF)"总部的承办国。GCF是发达国家为支援发展中国家温室气体减排与适应气候变化的国际金融机构，在2010年12月墨西哥坎昆"框架公约"第十六次缔约方大会上决定设立基金。

日本比韩国更早开始应对气候变化问题。日本为遵守"联合国气候变化框架公约的京都议定书(京都议定书)"规定的温室气体减排"京都目标"，以"地球变暖对策推进法"(1998)为基础，推进了"京都议定书目标实现计划"(2005年制定，2008年修改)等各种实施方案。同时，继续灵活结合国内排放权交易制度或环境税等政策，作为可再生能源政策，从2012年7月起开始以"有关电力公司可再生能源电力调配的特别措施法案"为基础施行固定价格收购制度。
这是将大规模太阳能发电、风电、中小水电、地热发电、生物质
发电产生的电力全部都作为收购对象。作为环境税2012年10月起
导入了地球变暖对策税。对于国内排放权交易制度，继"自愿排放
交易体系(JVETS)"(2005年起实施)，2008年开始实施"试验碳交易
系统(JEETS)"(自主参与和设定目标方式)，但并未将其正式引入国
家层次的政策。这背后还有产业界的反对声音。产业界认为日本
已经实现了相当程度的能源效率化，对大幅温室气体减排给经济
活动产生的负面影响表示忧虑。加上2011年3月福岛核事故之后，
利用核能实现温室气体减排的原有方针被修订，实现京都目的前
景不容乐观。

2) 气候变化问题上韩日两国的国际责任

以2011年为准能源部门世界碳排放量比重按照先后顺序，中
国占28.6%，美国16.0%，印度5.8%，俄罗斯5.4%，日本3.7%，
韩国所占比重为1.8%。

上述数据表明日本是世界第五位，韩国是世界第七位碳排放
国，两国都是世界前十位的大量排放国家。特别是韩国自1990年
以来的15年之内排放量超出了两倍以上，排放量排名也从2008年
世界第八位上升到2009年的世界第七位，成为世界上碳排放量增
加最快的国家之一。这些事实中可知韩日两国全世界气候变化危
险急剧增加的过程中负有一定责任。

但是在温室气体减排相关国际协商中韩日两国持不同立场。如前所述,日本作为京都议定书附件I所属国家具有具体减排目标,而韩国并未赋予类似减排义务。今后日本和美国、中国等其他主要排放国有可能督促尽可能多的国家分担责任,这些国家当中当然包含韩国,因此在短期内难以获得协作。围绕后京都议定书的国际磋商进入了没有了日本、俄罗斯、新西兰等国参与的二期承诺期间(2013~2020),试图建立包含美国、中国、印度等主要排放国的新的框架。在各国复杂的利害关系的前提下,韩日两国尤其关注美国和中国的动态,将在不同的立场上参与磋商。

既然国际磋商上两国持有不同立场,则京都议定书二期承诺期间结束后建构国际制度时短期内也难以进行积极的合作。不过韩日两国在其他领域合作还有不少余地。特别是温室气体减排的国内政策及制度引入过程中的经验共享、能源效率化及可再生能源相关合作项目、共同对气候变化的环境、经济、社会影响进行学术调查及适应对策、共同对东北亚超级电网项目进行基础调查等上可通过环境合作对韩日复合网络建构作出贡献。

3) 韩日气候变化应对合作方向与议题

① 温室气体减排措施合作

目前韩国确定施行温室气体目标管理制度并导入排放权交易制度,日本从2012年引入了地球变暖对策税。日本在国际法上属于温室气体义务减排国,韩国由于在世界上温室气体排放增加率走高，两国都在这一问题上具有国际责任。同时两国都具有很高的能源对外依存度。在此期间对于温室气体减排的必要性，两国都有很多讨论，但在考虑能源安全保障或产业政策的层次上建立政策对案以实现减排上，两国实际处于消极状态。这背后产业界在对政府产生着极大的影响力，即在能源消费上占大比重也对政府的气候变暖对策提出了抗议和反对意见。

韩日两国若能共享在这期间各自导入目标管理制及排放权交易制和环境税的过程中的经验，如调整面临的各种利害相关者的复杂关系，调节彼此矛盾，这在两国政策合作层次上将具有重大意义。同时，日本在福岛核事故以后政策上正在发生不少变化，包括核能在内的核电政策、能源政策以及气候变化政策。韩国也由于老化的核电频繁发生故障和事故，加之对原有核电扩大政策，批评之声开始愈发强烈。这显示了气候变化危险和核电安全性危险之间有相互冲突的可能性，意味着两国各自面临在选择上谋求国民共识的艰难境地。因此有必要在两国专家团体层次，对能源、核能以及气候变化政策提出综合客观的评价，摸索出多种政策对案。

② 改善能源效率与可再生能源技术上的合作

改善能源效率会是非常积极的气候变化对策，能够减少由化石燃料带来的温室气体排放。日本是世界上能源效率最高的国家，与此相关的技术合作、促进能源效率的政策与制度共同研究对改善能源效率以实现温室气体减排将非常有效。进而与智能电网相联系，通过分散型能源供给方式的变化，促使形成区域共同体型生活方式也有必要成为两国间学术交流的对象。同时，韩日两国都关注扩大可再生能源的有效政策方案。可在太阳能、风能、海洋能(潮流、波浪)等能源上考虑两国技术水平和生产条件，摸索可再生能源开发上的技术合作。日本向世界提倡的"世界低碳增长发展愿景"中也表明了为构筑低碳增长模式要共享日本的技术与经验，作为政策对话与合作的一个方案同韩国全球绿色增长研究所(GGGI)合作的重要性。

尤其两国政府为扩大可再生能源，可以对社会提供经济诱因的有效政策进行意见交流，在其中获得对方的可取之处。韩国政府在电力部门可再生能源补贴政策上施行了类似日本固定价格收购制度的发电差额补贴制度(feed-in tariff, FIT)。发电差额补贴制度是为了发展可再生能源发电，当通过可再生能源生产的电力交易价格低于政府告示的基准价格时，对基准价格和交易价格的差额进行补贴的制度。但是2011年废止了该制度，从2012年起引入了可再生能源供给义务化制度(RPS: Renewable Portfolio Standards)。该制度规定一定规模以上的电力公司必须将总用电量中的一定量以上由可再生能源供给。即使FIT具有优点，但由于难以设定基准价格、补贴规模预测及政府财政负担等原因而遭废止。

与韩国相反，日本根据"有关电力公司可再生能源电力调配的特别措施法案(可再生能源特别措施法案)"废止了可再生能源供给义务化制度，自2012年7月起引入了固定价格收购制度。因此两国在其间制度应用过程中通过各种失误积累着对两个制度的经验。

相互深入研究两个制度的利弊共享结果将对两国提高促进可再生能源政策实效性具有显著意义。

③ 气候变化影响的共同学术调查

气候变化带来的各种危害(人员、健康、农畜产品等)与灾难(干旱、洪水、海岸洪水)有关的现状调查及信息共享、气候变化引起的社会经济变化及其影响需要进行共同研究。特别是为减少气候变化引起的损失，提高对社会经济变化的应对能力，要对各种适应政策进行深入研究，并以此为基础探讨共同应对方案。由于亚洲发展中国家易受气候变化影响，需要共同探索能够提高其适应能力的支援方案，其中包含官方开发援助(ODA)，同时对绿色气候基金的未来作用也可以在两国间进行讨论。对此将在后文仔细论述。

④ 东北亚超级电网可行性探索

与国家间电网相连的欧洲不同，韩日两国难以根据电力供求条件的变化，同周边国家进行电力交易。最近对于蒙古隔壁生产的可再生能源通过国际输电网超级电网相连，使韩国、日本、中国、朝鲜、蒙古等东北亚国家共享的"东北亚超级电网"设想逐渐得到关注。该电网既能提高东北亚各国能源供给的稳定性，亦可作为增加可再生能源利用的气候变化政策。为实现这一设想，需要在经济、外交及环境角度预先作出深入研究。韩日两国间对此也可以考虑启动共同研究的中长期项目。

4. 环境官方开发援助(ODA)

1) 韩日ODA现状

2000年联合国通过了"新千年发展目标(MDG)"，作为其中八个目标之一设定了发展中国家的"可持续发展环境保护"。发展中国家通常容易受到气候变化影响，其中贫困阶层尤其因为气候变化遭受重大危害，"气候不正义(Climate Injustice)"问题非常严重。但是发展中国家在自主实行能力与资金、技术及相关基础设施上具有明确的局限，迫切需要国际社会的支援。进而，发展中国家若以原有的方式推进经济开发，地球变暖的危害有可能加深，因此发展中国家的环境保护不仅要得到发展中国家本身的关注，全世界都需要关心这一问题。

世界银行预测地球平均温度上升2度，发展中国家的适应成本到2050年为止将需要年750~1000亿美元。东亚的适应成本最多，按照部门则预计在建立基础设施和海岸地带所需成本最高。相比对于环境ODA的庞大需求，ODA支援国的支援力量明显不足。同时，包括日本在内的主要ODA支援国的援助有重复支援受援国的情况，在ODA效率化方面也有必要进行韩日环境ODA合作。

在东北亚地区，作为发达国家ODA协调体制OECD开发援助委员会(DAC)的成员国只有韩国与日本两国，两国共同将环境ODA作为重点事业推进。日本是DAC成员国中环境ODA最大支援国，总ODA对比环境ODA比重比DAC平均高两倍以上，达到

56.3%(2009~2010平均)。韩国的环境ODA规模不及日本，但环境ODA的政策优先顺序高，2008年以后显示出年平均35%的增长率。因此2009~1010年相比2007年总额增加2.3倍，远高于总ODA增加率(年平均20%)。

2) 韩日环境ODA合作方向与议题

① 绿色气候基金(GCF)合作

DAC的资金分配由于受到部分发达国家的强大影响力，偏重于非洲等非亚洲地区。因此为强化对亚洲的支援，需要韩日两国的共同协作。东亚作为世界经济增长的动力，为预防其压缩式增长可能带来的环境破坏，转换其大量排放温室气体型产业结构，建构可持续发展模式，对其提供援助也符合全世界的利益。韩国与日本作为DAC内唯一两个东北亚所属成员国具有相同的身份地位，同时也在共享国家利益。

如前所述，2012年韩国在仁川申办了绿色气候基金(GCF)总部。国际社会认为GCF到2020年为止确保年1000亿美元的长期资金，以此在实现目标上作出主要贡献。最近由于全球金融危机的后续影响和各国利害关系的对立，预防全球变暖目标实现前景不太乐观。但韩日两国在亚洲"气候正义"上具有共同的利害关系，可在GCF早日稳定发展上共同合作。强化GCF活动的方案有：第一，日本能源效率化技术及资源循环案例可以运用到部分GCF商业模式当中；第二，推进环保技术研发上的韩日合作；第三，积极利用GCF的社会资本的韩日合作；第四，为建构GCF治理以及总部人员组成打下基础，建议定期举办包括韩日两国和中国的高官论坛，以此促进世界最大碳排放国家中国的参与。

② 韩日共同东亚环境合作伙伴项目

韩日两国已经独自在东亚各国开展了多种环境相关合作项目。韩国的"东亚气候变化合作伙伴"项目由韩国政府主导，2008~2012年间投资总2亿美元，在十个国家对水源管理、低碳能源、森林、废弃物、低碳城市等五大重点领域进行17个项目。蒙古、印尼、越南、菲律宾、阿塞拜疆、孟加拉、斯里兰卡为韩国环境ODA的受援国。由于项目资金有限，主要集中投入到蒙古、菲律宾、阿塞拜疆的水源管理事业上。

日本推行了"地球降温伙伴(Cool Earth Partnership)"项目和"鸠山倡议"，2008年到2012年间总共投入该项目100亿美元以上。支援对象国比韩国更加广泛，均衡分布于亚洲、非洲、中南美等全世界，亚洲国家中印尼、孟加拉、越南等国进入了日本环境ODA受援国的前十位。

考虑上述成果推行后续工作时，建议两国示范实行两国间的合作项目。两国在各自推进的类似项目中对其成果与课题进行评价，然后导出今后仍需要持续的合作课题，通过有效运用有限ODA预算，谋求提高整体援助的有效性。这一过程中需要形成长期对话通道，以强化两国援助力量。韩国直至最近仍然处于经济开发阶段，积累的经验仍然鲜活，亦可研究所谓"适用技术

(appropriate technology)"为基础的合作。

③ 无偿援助部门的韩日环境ODA合作

韩国环境ODA的最大受援国是坦桑尼亚、加纳、印尼、越南、蒙古。前十位国家中亚洲国家有六个、非洲国家有两个，有一定地区偏重现象。受援国中总ODA所占环境ODA比重最高的国家是阿塞拜疆(95%)和加纳(89%)。日本环境ODA受援国援助规模上也以印度、印尼、越南、伊拉克、泰国为顺序，除伊拉克以外全部为东亚或南亚国家。总ODA所占环境ODA比重高的国家有阿塞拜疆(99%)、土耳其(99%)、印度(98%)，几乎占100%。

比较两国的支援对象国家，个别受援国支援规模差异非常大，日本的最大受援国超过韩国70倍以上。同时，作为两国共同的环境ODA支援对象的印尼和越南都在两国环境ODA受援国中占上位。

韩国的ODA目前有偿援助和无偿援助的比率大概为6:4，2015年计划维持这一比率为基本方向。日本一直以来坚持支援自救的原则，以较少基金开展大规模事业，加上本国资本货物出口机会的扩大、稳定获得天然资源等为目的，致力于受援国基础设施建设的协同效益方式(Co-benefit型)比率极高。它在帮助发展中国家实现可持续发展的同时给本国企业出口创造跳板，并致力于确保信赖。因此在基础设施建设上必要的资金中约80%是有偿资金，更愿意选择政府和社会资本合作(PPP)方式。

如下表所示，两国环境ODA由于其间历史、规模、方式等具

表4. 韩国与日本环境ODA前十位受援国

	排名	总ODA前十位受援国 (2009年为准/百万美元)			环境ODA前十位受援国 (2009年为准/百万美元)			
		受援国	总支援额	环境ODA(%)	受援国	总支援额	环境ODA	环境ODA(%)
韩国	1	越南	282	7	坦桑尼亚	87	27	31
	2	菲律宾	131	11	印尼	123	26	21
	3	印尼	123	21	加纳	27	24	89
	4	坦桑尼亚	87	31	越南	282	20	7
	5	孟加拉	82	20	蒙古	31	17	55
	6	莫桑比克	62	0	孟加拉	82	16	20
	7	柬埔寨	53	3	斯里兰卡	42	16	38
	8	安哥拉	45	0	菲律宾	131	15	11
	9	斯里兰卡	42	38	阿塞拜疆	15	14	95
	10	阿富汗	41	0	厄瓜多尔	7	4	62
日本	1	印度	1968	98	印度	1968	1905	98
	2	越南	1214	47	印尼	1096	673	65
	3	印尼	1096	65	越南	1214	555	47
	4	伊拉克	684	76	伊拉克	684	513	76
	5	菲律宾	328	8	泰国	548	461	89
	6	泰国	548	89	土耳其	381	374	99
	7	孟加拉	474	23	加纳	385	268	72
	8	阿富汗	287	3	埃及	247	219	93
	9	加纳	385	72	阿塞拜疆	179	176	99
	10	土耳其	381	99	巴基斯坦	209	163	81

资料来源: OECD(2012) 'Aid in Support of Environment'(March 2012)

有差异，在这一领域的合作不易摸索。但印尼、缅甸、孟加拉、斯里兰卡均为韩国和日本两国环境ODA的重点对象国，在这些国家除有关企业利害关系的有偿援助，而进行技术合作等无偿援助领域还留有余地。可以在ODA基本进程的开发调查→制度建构→能力培养→资金合作上进行阿合作。例如开展开发调查时，发展中国家环境主流化及建立战略上的共同调查比较有可能合作。

④ 气候变化相关启蒙宣传活动合作

韩国与日本在推行环境ODA的同时，为形成有关援助的国内外条件，有必要强化启蒙与宣传活动。这一领域利害关系不会直接冲突，应该相对容易合作。这类活动大致可分为两类，一类是以两国国民为对象的国内活动，另一类是以受援国为对象的对外活动，两者都有可能进行韩日合作。

从长远来看，有必要促进中国的参与，因为中国在这一领域将会是重要的利害相关方。国内启蒙与宣传活动中特别需要集中的部分是地球村共同体意识的提高以及共同开发小学到高中教学课程有关环境教育的内容。

以受援国为对象的启蒙宣传活动有环境教育节目制作及流通、派遣讲师等方面的合作。由于发展中国家大多数都对开发与增长具有强烈要求，因此要大力宣传环保增长的重要性，使其从开发初期就认识到这一点，而且从长远来看会更有效。科学广泛普及全球环境变化与气候变化的危险性与国家间政治对立相对联系较弱，合作上会更加容易。

VI. 东亚共生经济秩序建构

1. 前言

韩日两国所处的国内外形势不容乐观。世界经济在经历了雷曼事件及百年一遇的危机后,接连转化为希腊国债危机引起的欧元区危机,重新进入艰难局面。欧元区中心国家德国的实体经济也显示明显的萎缩。为克服此次危机,欧洲中央银行(ECB)与主要领导人抛出各种解决方案但都止于临时性的权益之举,根本性手术与康复还需要更长的时间。

如上所述,欧洲经济低迷无疑会长期化,但另一方面美国经济的前景也不甚明朗。美国在2008年危机以后显示出了缓慢的增长态势,但遭到欧洲经济停滞的影响,预测2013年GDP增长将停留在2.3%。由于欧洲经济低迷而出口受到打击,加上失业率超过8%,刺激经济的政策手段几乎已经用尽。与欧洲相连的金融市场危险性也极高。大规模财政消减计划使消费萎缩,美国经济的长期前景不容乐观。由于中国经济意想不到的快速追击,预测2020年美中两国间GDP有可能逆转。

韩日两国虽然并未与2008年美国金融危机、最近的欧元区财政危机等直接相关,但由于发达国家市场经济不景气以及需求减少,导致必需要在东亚重新开拓市场。同时,发达国家为刺激经济与摆脱财政危机而施行的量化宽松政策趋于长期化,而作为相对稳定资产的日元贬值逐渐凸显,导致部分新兴国家货币升值压力正在增加。人民币在并未完全国际化的情况下,中国不太有可能实行打击出口的货币升值政策,在过渡期新兴国家货币汇率很有可能不稳定。在这一趋势当中,韩国与日本需要进行一种再均衡(rebalancing),将欧洲、美国的需求转移至亚洲,在亚洲发现需求。首先在实体经济中要求作出转换。东亚以地域为单位通过超国家性产业积累与国际分工带来的贸易网络扩大深化维持着增长动力。中国虽然处于中心地位,但日本和韩国的企业充分利用了这一点。他们网络化利用地区内部的不同条件与自然资源,从世界范围积累了最为积极的制造业的竞争力。世界经济不景气的当下,两国更要激活东亚网络,提高产业竞争力,同时确保地区内需市场。

韩日两国在社会内部具有很多共同的问题。第一,收入不均衡的深化。两国经济虽经历了空前的高度增长,但基本实现了相对均衡的增长,而现在却在急剧的全球化趋势中走向了两极化的道路。老年人与儿童的贫困率都在OECD国家中靠前,就业不稳定和青年失业处于渐增趋势。韩国的65岁以上人口收入不均衡是

OECD第三位，日本是第七位。就收入分配改善率来讲韩国为8.4，是OECD最低国家之一，日本为28.8，也低于31.3这一OECD国家平均水平。两国收入不均衡正在以惊人的速度扩大。

第二，人口变化对两国经济基础条件提出了根本性制约。日本是世界最高龄国家，韩国的老龄化速度也是世界最高水平。随着经济活动人口比重减少，在劳动力供给上出现制约，同时社会保障费用作为老龄化社会的负担增加而出现了财政赤字。日本的财政赤字扩大到了GDP的200%，而韩国的社会保障负担虽然相对要低，但家庭负债急速膨胀，财政赤字负担亦在增加。

第三，两国都面临着去工业化问题。牵引了高度增长的制造业由于生产费用增加，逐渐向海外转移生产基地，税收随之减少，雇佣问题也严重起来，引起了双重社会经济问题。两国虽然也需要引入外资，但要格外致力于在本土留住或引入本国籍跨国公司。

最后，两国面临着多种环境制约条件，如包括电力在内的能源不足、水资源不足、粮食及矿物国际价格的急剧变动、环境问题等。为今后实现可持续发展，有必要确保新的电力资源。

韩日两国面临的这些挑战因素是要超越双边合作层次，在东亚地区范围获得解决的问题。其实在过去十几年间为了在地区层次建立多边合作体进行了多方面努力，但由于产业间调整和雇佣调整所需成本、区域内国家间相互信任关系不足、对区域外国家美国的不同意见等原因，并未取得明显进展。现在，东亚经济合作的再均衡有必要从新的观点出发。原有的为扩大市场功能的开放与自由化模式并不足以应对二十一世纪经济的复问题群。以信任市场功能为前提的新自由主义增长范式显示出多种结构性制约，正在走向修改的道路。过去数十年来风靡世界的新自由主义全球化模式虽然给地球村带来了整体上的增长，却引起了国内和国际行巨大的不均衡，使得既有治理方式的弱化，导致了局部危机转化为体系整体危机的后果。另一方面，国家主导型资本主义(例如北京共识)的复活牵引新增长的期待也存在局限。它有可能对经济增长处于起飞阶段的发展中国家具有一定实效性，但作为适用到整个东亚地区的模式，其中包括通过开放性区域秩序共享经济发展动力国家，这一模式明显具有限制。东亚要追求一种复合目标，其中包括通过竞争实现增长的目标以及重视通过合作实现共生与共荣的价值。需要推进一种东亚共识，即要超越GDP增长的认识，在顾及收入差距、低生育率老龄化、资源枯竭及环境破坏的前提下追求可持续发展。由此打破东亚俨然存在的战略不信任的高墙，致力于成就共生网络。

2.战略思考事项

为形成东亚经济圈的努力具有悠长的历史。以亚洲地区冷战的缓和与崩溃后出现的亚太经合组织(APEC)为首，以1997年东亚经济危机为契机，开始了ASEAN+3峰会，2005年成立了作为东亚共同体制度框架的东亚峰会(EAS)，提供了讨论各种经济问题的制度框架。在金融领域，为防止金融危机再次发生、致力于稳定金融系统，2000年代初出台了"清迈倡议(CMI)"将双边货币互换(currency swaps)发展为多边化阶段(CMIM)。同时，为扩充对域外冲击的应对装置，在既有ASEAN+3经济评估与政策对话模型(ERPD: Economic Review and Policy Dialogue)基础上，设立了ASEAN+3宏观经济研究办公室(AMRO: ASEAN+3 Macroeconomic Research Office)和信用担保与投资基金(CGIF)，又强化了东盟和东亚经济研究所(ERIA)等知识储备装置。亚洲债券市场发展倡议(ABMI)也在持续推进当中。在贸易及投资领域，区域内外国家间形成了密集的双边自由贸易协定(FTA)网络，个别国家与多边合作体之间签订了FTA，如韩国-ASEAN、日本-ASEAN、中国-ASEAN、印度-ASEAN，还有试图联接更多国家的韩中日FTA、区域全民经济合作伙伴关系协定(RCEP)、跨太平洋伙伴关系协议(TPP)、亚太自由贸易协定(FTAAP)等。

通过这些努力，提出了几项有待解决的重要课题。第一是制度实效性问题，即有关现有协定的实质性运用度的问题。CMI原为提供区域内金融安全网装置而设立，但在2008年世界金融危机中如实显示了其弱点，导致面临流动性危机的国家并未利用CMI。因为CMI能够提供的信用度有限，又需要通过IMF挂钩(link)进行交易，随之而来的经济、政治风险较大。通过这些教训，2009年达成了CMI多边化共识，扩大信用规模1200亿美元并分配表决权，从而具备了区域多边制度的面貌。即使如此，IMF挂钩仍然保留下来，危机国家对于超过一定部分的额度仍然需要通过IMF协议获得CMIM信用，接受IMF的履行条件。IMF屏障仍然在局限

CMIM的利用。

在贸易领域，2000年之前东亚国家对特惠贸易协定持消极态度，但近十几年来各个国家争相与区域内外国家开展双边磋商。FTA签订成果急速增加，目前已超过100个，其中74%为双边协定。问题是双边协定内容越有差异且自由化日程越不同，FTA的优点就有可能减少。即，通过排除原则获得的特惠收益减少，相反由于复杂的原产地规定等因素交易成本反而会增加。所谓面碗效应(noodle bowl)，是为如此。正是基于这一点双边FTA的多边化的建议才得以提出，并通过跨太平洋伙伴关系协议(TPP)、韩中日FTA、区域全民经济合作伙伴关系协定(RCEP)等多种多边整合行动实现多边化。东亚区域合作制度应该缜密设计使其成就实际经济效果。

第二，东亚经济合作内部暗含的国内政治因素也是一个绊脚石。通常对外开放会决定国内的胜者与败者。比如废除关税壁垒或根据国际金融交易自由化程度会出现受惠群体与受害群体，并且一定会在这些群体间进行分配与再分配的政治。这种现象会随着经济情况恶化程度而愈演愈烈。失业增加等经济环境恶化会增加非经济部门调整负担，此时反对开放的政治呼声就会随之高涨。2008年世界金融危机之后经济停滞的情况下，东亚国家一边有强烈的需求对欧美市场进行再均衡，一边又有反对对外协商的国内意见在增加，陷入了内向性加大的困境中。韩国与日本在全面开放问题上具有尤其敏感的国内政治结构，整合性经济效应反而有可能会降低。然而，如果两国希望主导东亚秩序建构，则需要超越国内政治障碍，而具备面向区域利益的外向型领导力。

第三，各国在推进国际经济政策时都在考虑由经济交易带来的战略效果，或把贸易用作外交政策手段，或控制贸易牵制对方国家，或扩大贸易强化友好关系。在东亚地区，日本、韩国、中国等主要国家之间都争相推进双边FTA，在区域内实现了全面的自由化。但是如前所述，由于互不相同的FTA并存，就有发生面碗效应的倾向。加上最近还出现了各国围绕TPP、RCEP、韩中日FTA等地区合作主导权的竞争，这也成了实现多边合作的屏障。2010年中国对日本的稀土类出口限制或2012年韩日货币交换协议终止都是经济交易受到政治方面影响的实例。

与此相关的，第四，现有多种整合努力都抱有建筑(architecture)问题。在成员国范围问题上有两种立场，一种是通过地理领域区分东亚国家的合作体，一种是包含美国等跨地区成员国的合作体。还有在合作范围问题上，协定要在何种程度上包含经济的各种领域也是问题。简单来说，目前围绕FTA的美国与中国间的网络竞争就是围绕成员国范围以及合作范围来进行。中国首先与东盟签订FTA后，又与香港、澳门、台湾签订协定，再签订韩中FTA、韩中日FTA、RCEP等协定，是从地理上联合东亚国家，自由化程度也应对灵活。与此相反，美国积极利用TPP，以亚太地区为单位积极主导高水平的二十一世纪型FTA模式。问题是这些战略竞合的网络竞争，有可能损毁东亚国家真正的经济、社会、战略价值。因此，更需要有创造性地致力于设计东亚平台，将权力竞争结构转换为共生合作结构。

新的区域经济秩序建构既要提高经济效益，又不能使国内政治对立与对外战略考虑阻碍相互合作。在经济合作能够缓和区域内战略竞争时，共生区域秩序才有可能建立起来。关键就在于如何建立建筑的平台。如前所述，新建筑需要超越市场主义平台或以市场竞争与协助实现富强的观点，承载实现共生价值的崭新平台或标准。这一标准就是将近现代竞争与协助复合后现代共生的新资本主义标准。韩国与日本可在东亚建构共生与共荣的经济网络上发挥其核心作用。日本是亚洲最先现代化的国家，最先经历了民族主义与民主主义、老龄化社会、环境问题等，因此日本有能力向其他国家传授经验教训。韩国也紧随日本或在特定领域更早经历先行经验的国家，会使其他东亚国家有所借鉴。

在上述平台下，东亚经济建筑要对贸易投资、宏观经济、开发合作等三个领域进行设计。更为具体的建筑设计包括以下课题：①增进互补与竞争并存的韩日两国经济合作；②为实现区域共生而减少域内差距；③韩中日三国竞争中并不因为战略要素阻碍经济合作，进而通过经济合作使东亚的竞争结构转换为合作结构。

3. 合作战略

1) 贸易投资

东亚的区域单位FTA建构正在进入重大局面。跨太平洋伙伴关系协议(TPP)交涉正在进行时，中国也在强化与周边国家签订FTA。2012年5月，韩中两国开始进行双边FTA交涉，2013年2月开始了韩中日FTA交涉，ASEAN+6框架下RCEP交涉也将于2013年5月启动。中断的韩日FTA交涉期待重启。

韩国与多个国家同时进行双边FTA磋商的战略，在相对短期内使贸易对方国废除关税的意义上获得了巨大成功。韩国虽然能够通过FTA比出口竞争国更快获得市场，但对第三国来说意味着落后。由此发生政治经济学上所谓"多米诺效应"，使日本等犹豫贸易自由化的国家对FTA采取了积极态势。在这一点上，韩国通过开放而积极推进国内改革的态度值得日本学习。

目前进行中的东亚经济整合与至今着重于废除关税的双边FTA有所不同。东亚的国际分工经历了大幅度变化，从比较优势出发的产业单位分工过度到了生产工程或专门任务单位的国际分工。机械产业部门中，日本企业与韩国企业与其他跨国企业一同承担了主导作用，通过新的国际分工建立了生产网络。尤其韩国企业在世界金融危机之后，不仅与中国还与ASEAN积极参与到快速的国际分工中。

类似机械产业，要求对跨国分散的生产工程、任务之间进行周密调整的国际分工，所需政策环境也与过去不同。决定既有关税措施等通商政策与超国家生产网络成败的是各国国内商务环境以及联接生产模块的服务连接。为实现上述政策环境，今后东亚的FTA的课题就是确立国际规则或规范。

特别是这一方向的FTA能够支援中小企业开拓海外市场。大企业加上中小企业一同开拓海外市场，就有可能提高国际生产网络的整体竞争力。对日本制造业企业的实证研究指出，在东亚扩展事业的中小企业在日本国内也在创造就业岗位以及生产活动。如果全球化主要不是为大企业服务，而是为强化中小企业竞争力，则确立新的国际政策规则不可或缺。对新兴国家或发展中国家尤其是非常重要的课题。

简言之，今后东亚所要追求的FTA要支持正在形成的区域内国际分工形式，在建构新国际政治秩序上发挥作用。这一秩序要成为区域内发达国家与大企业同新兴国家、发展中国家一同参与的平台，以有责任的行为者发挥作用。通过这一秩序，重新审视东亚的经济活力，就可以在可能的范围内相对化政治安全方面的合作阻碍因素。还要与韩中FTA、韩中日FTA、韩日FTA一并推进着重国际规则制定的ASEAN以及RCEP。在这一领域，要超越废除高水平关税目标，而涵盖促进贸易的原产地规定、废除非关税措施、贸易便利化、生产网络相关服务投资自由化便利化、知识产权保护等方面。

同时，为实现东亚经济整合，除FTA还要利用有关经济开发的政策手段，其中包括新兴国家和发展中国家的经济基础建设、法制和经济制度整备、中小企业振兴、创新能力提高等。韩日两国要并行推进FTA与开发议题，从战略上予以执行。作为其前提条件，日本有必要表示决心废除农业上的国境限制措施，确保经济外交的自律性。东北亚地区正在通过国际生产网络强化其联系性，韩国要利用签订双边FTA的经验，在东亚地区的规则制定中发挥重要作用。同时，推进FTA要与开放后收入差距减少以及可持续发展目标相整合。

雷曼事件以来，世界金融危机大幅缩小了世界整体贸易，东亚经济却积极克服危机扩大并深化了区域生产网络，正在提高区域经济依存度。包括欧元区危机在内区域外经济危机的危险始终存在。对此要克服内向性，以外向开放的形态充实联系性，创造一个强化抵抗区域外冲击能力的区域经济。

进而，国际规则还要超越区域范围，在全球层面形成先行国家之间的连带，在多边框架下通过个别案例制定，如信息技术协议(ITA: Information Technology Agreement)以及反假冒交易协议(ACTA: Anti-Counterfeiting Trade Agreement)。产业集中度高的韩日或韩中日应该相这个方向作出积极努力。

2) 宏观经济

在经历了1997年亚洲货币危机后，东亚许多国家(ASEAN+3(韩中日))在清迈倡议(CMI: Chiang Mai Initiative)框架下以货币危机管理与货币危机预防为两个主轴建构并强化了区域货币合作。为管理货币危机，签订了区域内发生货币危机时相互融资的货币互换协议，其总额逐渐获得增长。2010年CMI多边化协议(CMIM: CMI-Multilateralization)生效以来，各国出资额增加到1200亿美元，2012年5月在马尼拉举行的ASEAN+3财长和央行行长会议上决议增加两倍到2400亿美元。

又，根据CMIM，过去的CMI双边货币互换协议网络经过整顿变成了多边货币互换协议。同时，确立了事先决定调停国并通过统一决策机制启动货币互换协议的规则，今后可望迅速灵活地启动该协议。

另一方面，为预防货币危机，在CMI框架下强化了"ASEAN+3经济评估与政策对话"这一区域内市场监督(surveillance)机构。在财政部长代理会议上，通过伙伴国施压(peer pressue)进行互相监视宏观经济及金融部门稳健状况。加上"ASEAN+3宏观经济研究办公室(AMRO)"也在新加坡揭牌，各方期待其作为常设监督机构的作用。

但是经历从美国发生的世界金融危机以及欧元区财政危机，CMI框架下货币互换协议存在的问题被如实暴露出来。正如[图1]所显示的，世界金融危机影响下包括日元在内的东亚货币对韩元的价值暴跌，日元价值不仅对韩元，而且对整个东亚货币也一直存在估值过高的情况。

世界金融危机期间，韩国政府为应对韩元价值暴跌，并未利用CMI框架下的货币互换协议，而是与美国签订了新的货币互换协议。没有利用CMI框架下的货币互换协议，是因为CMI框架下的互换协议有"IMF挂钩"条件。"IMF挂钩"是说面临货币危机的政府为施行CMI货币互换协议要相IMF申请融资，为获得融资还要接受IMF的履行条件，获得IMF融资之后才能启动CMI货币互换协议。CMI把目前总额中八成的启动与IMF挂钩视其为必须条件。

为有效启动货币互换协议，除了要平时经常实施监督以预防

图1. 名目AMU乖离指标趋势

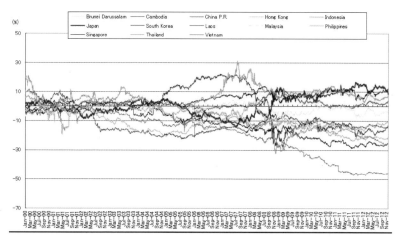

※名目AMU乖离指标以CMIM出资总额中的各国分摊比率为basket share，ASEAN+韩中日香港货币的加权平均值为亚洲货币单位(AMU)，以2000~2001年平均为基准显示其乖离。
Source: http://www.rieti.go.jp/users/amu/index.html#figures

货币危机，同时要使其处于待机状态，在危机发生时能够即刻启动货币互换协议。即有必要设立一个常设监督机构。世界金融危机当时，CMI框架下并没有设立此类常设监督机构，只能依赖IMF的监督及融资决策。

　　为提高CMI框架下货币互换协议的实效性，或者废除IMF挂钩，如果不能废除则有必要降低IMF挂钩相关额度在总额中的比率。1012年5月在马尼拉举行的ASEAN+3财长央行行长会议上决定把目前的IMF脱钩比率从20%提升到30%。加上提议一定条件的评估，决定2014年将提升到40%。如果废除IMF挂钩，ASEAN+3货币当局需要实施日常性监督，同时建立决策体制，通过自行判断启动货币互换协议。

今后作为监督机构的AMRO的作用显得非常重要。AMRO作为监督汇率失调(misalignment)及与其相关剧烈资本流动的机构，其运营应由韩中日互相协助主导。AMRO要建立对区域内汇率走势及剧烈的资本流动的监控能力，它的基本条件就是韩日两国主导确保各国信息公开及政策透明度。

CMI多边货币互换协议(包括韩国与日本)规模在2012年5月ASEAN+3财长会议上由1200亿美元增加到2400亿美元。与此同时对于韩日两国在2005年5月签订的双边货币互换协议(日元·韩元支付30亿美元)，经2007年7月及2010年7月两次延长期限后2013年7月3日终止延长期限。另一方面，2011年10月，两国通过限期措施将韩国银行与日本银行的货币互换协议上限增额到300亿美元到2012年10月为止，同时在CMI框架下的货币互换协议(100亿美元)进行增额，在日本财务省与韩国银行间签订了规模300亿美元的货币互换协议。对于这些限时增额部分，"两国认为金融市场稳定，宏观经济状况稳健，均认为无需延长韩日货币互换增额部分"，按照原定日期于2012年10月31日终止延长。

韩国在2008年9月雷曼事件以来，与以美国为中心的主要国家中央银行签订了货币互换协议，试图消解严重的流动性不足问题。正如[图2]所示，通过这些应对，体现在LIBOR－TB比率信贷息差上的流动性不足走向缓解方向。韩日两国间货币互换协议也具有与这一系列货币互换协议相同的目标。尤其雷曼事件发生不久后的2008年12月韩中日峰会上，为应对世界金融危机，持续了

图2. LIBOR与信贷息差(LIBOR-TB比率)

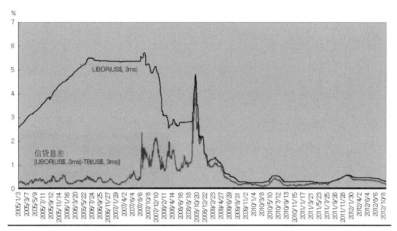

资料：Datastream

日本银行与韩国银行之间的日元和韩元货币互换协议。世界金融
危机期间，韩元暴跌时虽然并未利用到双边货币互换协议，但货
币互换协议的存在本身对韩国政府及韩国银行的外汇储备减少起
到保障作用，通过日本银行可以在一定程度上维持韩国外汇储
备，因此起到了抵挡货币危机或货币暴跌的效果。同时，货币互
换协议作为遏制投机分子攻击的"展示型货币"还对通话危机产生
预防效果。因此货币互换协议金额越高，展示效果就越明显。

　　欧元区财政危机和美国的财政赤字问题还未完全解决，而韩
国资本市场的开放度较高，容易受到剧烈资本流动的影响，因此
有必要持续并强化CMIM框架下的货币互换协议的同时，持续并强
化韩日双边货币(日元·韩元)互换协议。为此，除了对宏观经济与
银行部门稳健性的日常性监控以外，必须要监控剧烈资本流动并

实行韩日两国信息公开与共享。

同时，作为减少外汇市场上下波动不稳定性的有效方法，有必要考虑建立日元·韩元外汇市场并通过扩大交易规模强化市场力量。中国政府正在加紧为人民币国际化努力时，日元·人民币外汇市场虽然交易有限，但已经开始在东京市场实施。人民币作为资本账户的交换性虽然有限，但在日常交易中能够交易人民币，日元·人民币外汇市场交易有望增长。如果韩日两国一同开设并扩大日元·韩元外币交易及外汇市场与日元·人民币外汇市场，在目前区域生产网络发展的情况下，将会提高韩日两国间的贸易、直接投资、资本交易便利化上的活力，同时会有助于韩日两国的经济，以及对东亚经济的稳定增长。

3) 开发合作

开发合作可认为是以发展中国家为主体，立足于自助努力促进健全的社会经济活动，作为公共品完善有碍于自主发展的市场失败及不发达。韩日两国在这一点上达成共识后，需要将其作为东亚经济整合的一环联系贸易政策，以共生为目标致力于在向发展中国家提供公共品上合作。这种公共品有几种可以考虑。

东亚在深入进行经济整合的过程中，首先为减少开发差距进行了不断的努力。所谓"东亚发展模式"即通过劳动集约型制造业产品输出为主，实现了"亲贫困增长(pro-poor growth)"，并且在外部支援下通过官方部门、社会部门、社区层面结成一体，实现了

"自主""自助"发展。引领这一模式的韩日两国需要通过双边或多边经济合作，通过提供社会经济活动基础性公共品促进"东亚发展·经济合作模式"，这一公共品中包括经济基础建设、人力资本和人才培养、基础技术水平提高、制度金融及产业多种直接或简介政策介入等。在此之上，新兴国家从受援国发展为支援国后也需要参与到开发合作中，推进"南南合作"、"三边合作"。对于中国等亚洲新兴支援国也要致力于实现开放形式的公共项目，共享合作理念。

第二，韩日从农业主体经济发展为制造业生产等非农业主体经济，成就了迅速的产业结构变化完成了高度经济增长。两国既有本国经济发展的经验，还有通过发达国家及国际机构的多种人道援助、经济援助(尤其是政府借款)，实现水坝、高速公路、高速铁路等经济基础建设的经验。两国作为支援国要共同研究目前无偿援助及技术协助经验，以及对基础建设财政提供借款的经验，积累并体系化科学依据，致力于将"东亚发展·经济合作模式"打造为国际公共品。

第三，需要积极实践这一"东亚发展·经济合作模式"。韩日政府开发援助要成为区域内、区域外发展中国家通过民间直接投资减少贫困实现经济增长的"润滑油"，并且要成为对支援国与受援国双方都有利的政策通道。这种援助形式已经通过在东亚、东南亚的"JAPAN ODA 模式"以及"援助·投资·输出三位一体论"讨论过。其实，韩日ODA正是通过人才培养、产业基础设施建设、中小企业支援等项目有效实现了受援国经济发展。特别是以资源部门为中心的撒哈拉以南非洲地区的投资、充实并激活贫困阶层市场的"BOP商务"等项目上也都具有相同的机制。韩日为主导世界趋势更要积极开展这类援助合作。并且在提供援助的同时，有必要以民间企业技术作为"适用技术"，对发展中国家的贫困消减予以直接的帮助。最具代表性的例子就是非洲的疟疾对策。疟疾是引起非洲孕产妇及幼儿死亡的最严重的传染病，而通过日本住友化学世界领先技术开发的"Olyset®Net防虫蚊帐"，得知使用含有长期持效期杀虫剂的蚊帐(LLIN)是应对疟疾的有效对策。LLIN的先进技术至今仍然是世界传染病对策核心项目"抗艾滋病、结核和疟疾全球基金"活动实践的不可或缺的技术发挥着重要作用。韩国企业若能共同参与到类似公益事业，则会成为扩大韩日合作确保适用技术多样性的机会。

第四，作为全球性课题，气候变化、自然灾害及传染病流行、财政金融问题以及粮食能源价格急剧变动引起的经济危机、恐怖袭击和争端等人为灾害日益严重。而这些灾害和危机正在直击发展中国家的贫困阶层，亟需国际公共品的供给以及政策介入。气候变化既需要国际性的缓和对策，还需要适用于发展中国家的多种官方支援。在包括流行性传染病在内的自然灾害、粮食价格剧变的经济危机、争端等人为灾害上，为预防大型灾难，需要建立防灾、价格稳定化基金及争端调节机构等国际风险管理基础建设。同时，为应对灾害的事后处理，需要建立人力资源、资金、物资紧急支援、灾害保险基金等装置。韩日两国应从全局出发，积极参与到这些全球性课题中，通过开发合作，在解决亚洲及世界的贫困问题上作出积极贡献。

最后，以支援立足于自助努力的健全发展为前提，在开发合作中需要确保透明度，确立政策法规。韩国在2010年成为OECD DAC的成员国，对于这些课题，需要汲取东亚式发展援助经验，积极参与到DAC规则制定中。这对于使中国等非DAC新兴支援国参与到DAC为中心的国际规则制定中也是必要的。韩日也要对这类提供国际公共品的开发政策规则制定作出贡献。

VII. 复合共生技术合作

1. 前言

经济合作中的技术合作有发展中国家与发达国家间的"南北型",还有以基础技术为中心的发达国家之间的"北北型"合作,再有纯粹民间层次的技术合作等多种形式。韩日间的技术合作从官方开发援助(ODA: Official Development Assistance)的"南北型"合作开始,经历了直接投资与技术外溢的民间合作阶段。最近随着韩国的基础研究力得到强化,制造业竞争力强化,重心正在移动到民间层次的合作,预测今后双方产官学体制完善和"北北型"合作将会增加。结构转换中,韩日技术合作需要考虑的有以下几点。

第一,为了推进在基础研究领域研发合作,韩日间完善体制,扩大相互研究计划,为此提供便利将非常重要。全球技术开发竞争激烈,韩日两国的产官学研发体制却并从互补与合作的角度摸索，反而更多走向了竞争方向。考虑到最近对风险较大的基础技术研发进行国际共同研究的世界趋势，韩日需要以基础技术为中心挖掘共同研究的机会，为顺利推进研发而完善合作体制。

第二，作为现实问题，韩日经济具有极少的时差，同时作为资源、能源小国，加上低生育、老龄化、服务化进程、创新增长潜力确保等，表现出近似的发展趋势。韩日两国需要通过FTA等加快进行市场整合，并向第三国开放这一整合市场。为解决这些课题有必要进行合作。

第三，为促进韩日民间层次的技术合作，需要扩充知识产权制度等市场增进(market-enhancing)制度。技术合作的效果不仅要在国家层面取得，通过完善制度在有实力的企业间达成合作时效果才会最大化。但是，技术合作与国家竞争力直接相关，同时又是民间企业至关重要的利益且有技术泄露的担忧，扩大合作空间的政策、制度基础建设势在必行。

第四，韩日两国为了向东亚等地区提供公共品，尤其要从开发合作角度出发，共同推进提升生活质量的技术合作。韩日两国已经以东亚尤其是发展中国家为对象各自开展了经济合作、技术合作，在某些部门还有分工关系。在这些场合，需要与第三国或地区共享南北型经济合作时代的成果与资产，通过互相分担和补充的合作，推进提高援助效率的合作。

本研究主要着重于有政府政策干预余地或有可能作出政策提议的领域，对韩日技术合作进行研究。尤其关注国家主导的研发及标准化合作、触发民间技术合作的政府间大型技术合作项目等。但是，在韩日选定和推进技术合作课题上，需要考虑以下多种情况。

首先，谋求技术开发与标准化及其普及时，在全球范围具备效率性与竞争力逐渐成为必须。观察美国的存在与影响力即可知，显然有仅通过韩日合作难以应对的问题。例如信息通信领域的CPNT(Contents, Platform, Network, Terminal)，考虑到以苹果与谷歌为中心的ICT产业生态，至少今后五年内美国仍然有很大可能性主导技术与产业走向。从长远看，中国的存在感也有可能会强化，但如果无视美国的存在而推进韩日ICT研究只能是有限的。与此相关的还有全球性应对的问题。特别是技术标准、外部性大的环境技术等知识与技术是从根本上具有普遍性属性的全球问题，始终要在考虑全球竞争与合作的前提下推进韩日间合作。

同时要考虑中国这一变数，它正在试图国际化本土技术标准，以抵抗美国主导技术知识秩序。中国政府挂出"自主创新"口号，致力于培育本土技术，制定本土标准。尤其是最近数年间，中国在积极推进制定包括移动通信技术标准在内的ICT相关本土标准。因此在应对中国以市场规模为杠杆的"加拉帕戈斯化"动向的同时，面临知识产权保护与过度的技术信息公开压力时如何合作也是重要的问题。

设定并推进韩日技术合作课题时，需要考虑前述各种变数的同时，应该采取复合化合作形态的观点根据实际情况复线化合作形态，而不应采取单线的技术合作形态。

2. 韩日政府间研发合作主要课题

考虑韩日政府间研发合作时，最为重要的是对研发必要性的共识。为此，首先要提炼出两国共同面临的重要课题，通过共同应对发现最为有效的解决共同课题的方案。并且挖掘具有互补可能性的领域或合作事宜，以此为中心推进在全球经济中具有竞争力的共同研发与标准化，实现合作的主要目标即新增长或稳定国家存在的基础。

在这一状态下，研发合作的目标如何设定也是重要的问题。举例来说，仅停留在相互支援本国技术方式在国际竞争与合作上被采纳为国际标准，还是设定韩日共同标准进而迈向国际标准也需要分项目研究。对于韩国与日本在这其间这一领域经历了何种失败，今后可能接受的方案是什么，需要完善的部分又是什么，等等这些问题都需要专门的讨论。加上对如何应用韩日研发合作的成果的问题，有可能需要考虑"完成任务型"处方，即以基础技术、系统与装备、终端等共同开发与标准化为前提，超越韩日合作，共同输出到第三国。

另一方面，目前的韩日政府间技术合作越是进入专门讨论就越会使复杂的利害关系显露到表面，因此首先要从具有公共品属性的制度环境改善开始进行，然后在两国共同面临的重要课题、未来增长动力技术领域扩大并强化合作范围与程度。

欧洲的产官学合作由于整合了市场并实现了区域内人员流动自由化，正在EU层次推行，并以其市场规模与EU委员会组织能力

表5. 研发领域韩日合作案例

完善共同研究环境	实验设备·器材的有效共同使用、完善与空开信息存档、互相利用其他基础设施等
促进人员交流	研究人员数据交换、改善滞留设施及缓和滞留条件限制、专门资格制度共同化及相互认证、支援新进研究人员等
保护知识产权	完善知识产权保护制度、知识产权相关专家与行政当局间的交流

为依托，致力于将合作结合到欧洲技术标准与管制环境的国际化过程中。对此，韩国与日本具有各自的产官学连带体制上的课题，共同研究成果少，共同平台一直倾向于依赖国际机构或欧美研发。

研发领域的全球竞争将来会更加激烈，但另一方面韩国与日本与欧洲各国一样，投资到研发的国家预算规模和理工科人才有绝对供给量上的制约。因此在有可能合作的领域[表5]探索合作，谋求产官学连带的效率化将意义重大。

3. 今后合作方向与项目研究

1) 问题克服型项目：智能电网

智能电网是一整套系统，通过自动化目前全部手动操作的发电、输电、配电过程，实现更加有效动态的电力供求，并将太阳能发电、风电等新供电方式连接起来。智能电网追求的终极价值是应对资源环境的制约，但按照目前的技术水平，基本设想是通过电力系统与IT的融合来提升电力系统。美国推行智能电网也仅仅是更新老化电网，中国则优先考虑改善电网供给效率性。欧洲在接入新可再生能源发电并加快在欧盟内部连接电网以实现电力交易。

日本在经历东日本大地震后开始关注智能电网的必要性。这是因为日本对世界上停电最少输电损失最少的日本电力供给本身动摇了信任，对核电的重新审视使节电成为了紧要课题。大地震之前日本的电力行业对于通过引入智能电表等来控制电力供求并不积极。因此在日本形成了一个默认的前提，即认为今后十年内智能电网不会增长，新的商机或商业模式将会由美国主导。而福岛核事故恰恰打破了这一前提。

同时韩国由于2011年夏季发生大规模停电事态、核电站零部件故障等原因，恢复对电力供给稳定性的信任成了国家的关注对象。在这种情况下，如果通过智能电网领域的韩日合作实现电网对接，就会在发生突发事故导致一方电力不足的情况下能够避免停电持续经济活动。

当然，韩日间电力系统连接合作上存在成本上的课题，并且在具体核算合作发生的利益时利害相关者的利害关系也复杂。同时，作为现实问题，也要考虑到核事故后难以期待日本的电力公司有余力投入到技术开发中。但是韩日首先可以在电力稳定供给目标上达成共识，因为这是经济活动的基础。如果韩国纠正电费体系与日本保持同步，可在有效调整电力需求高峰等长期系统接

表6. 智能电网领域韩日合作项目

R&D领域	智能电网所必需的电力备用技术
输电配电领域(系统接入)	韩日电网连接(=电力相互融通)
可再生能源领域	韩日海上风电场(Offshore Wind Farm)建设 (日本-技术, 韩国-运营)
设备领域	电动汽车(充电基础设施)、自发电住宅、太阳能发电设备、 远程查表基础设施(AMI), 能源备用系统(ESS)等

入上对两国提供互惠利益。而对于受困于历史、领土等难题的韩日关系，能源问题的共同应对亦可以期待其在该问题上的肯定性影响，使两国关系朝向面向未来的方向发展。

从国际上来看，电力系统(建筑)标准化、装备及设备标准化等正逐渐向电网国际标准化发展，中间件正在使用以IT为依托的电网控制系统。如果要像欧洲一样能够同时系统接入其他国家发电站电网，其前提就是标准化。目前韩日间还不存在这类标准，因此首先要推进系统接入、装备及设备等的标准化工作。智能电网领域中韩日两国可实际操作的具体合作项目如[图6]所示，为验证其实现可能性要推进专家交流等活动。

智能电网设备及装备的共同标准化可以减少成本并扩张海外事业基础，因此可以期待共同的利益。由于市场的扩大与供给方供货线多样化带来稳定收益，系统设计单位、设备制造单位等组合形成后可以共同进入第三国，两国在这一领域的合作中可获得共同收益。此时并不是出口电力本身，而是通过在韩日两国成功实行智能电网这一技术系统，把这一系统以及系统所需组件、软件、设施及装备等出口到海外。

此外韩日提前经历老龄化社会问题的过程中为实现丰富老龄社会的医疗系统、跨界大气污染防治或生态保护等也可以包含到这类合作中。

2) 共享增长基础的项目：超四代(Beyond 4G)移动通信领域研发及标准化

亚洲的新兴家正在强化其存在感，而今后日本与韩国为实现持续的增长，需要确保国际竞争力强化支撑本国经济增长的产业。在既有制造业国际竞争激化的情况下，创造并培育可获得新附加价值的领域，进而强化与世界的联系十分重要。

从上述观点来看，为推出新的产业基础，需要在共同波及效应大的基础领域并行推进尖端研发与国际标准化，同时促进海外发展。为新产业的造就和经济社会系统整体高效化，建立下一代信息通信网络、推进为实现信赖性高的云计算研发信息通信技术及标准化均为可行。

标准化不仅与消减标准缺失成本、技术发展相关，还与产业·经济效益、消费者利益直接相关。因此标准设定通常都超越一国范围，在考虑国家与区域间竞争的产业政策层面进行。未实现初期标准化或采纳其他标准的团体、国家、地区在变更标准时会支付巨大费用，或有可能在进化过程中被孤立。全球化进程中在技术标准上的企业间竞争超出了个别企业的范围，对国家竞争力也产生了影响。处于中心地位的就是欧盟、美国和日本三大强国。其代表性案例就是第二代(2G)移动通信标准竞争，在第三代(3G)、第四代(4G)移动通信中由于中国的加入，国家间竞争变得更为复杂。

其中移动通信产业的标准设定过程中正式标准相对事实标准(de facto standard)往往起到更大的规范作用。因为信息家电产业的标准主要由市场决定，与此相比移动通信产业标准大部分都是通过国家间、企业间对冲突的利害关系协商和妥协而成立。这种特点有时会表现为非强制性标准这一概念，而实际上在移动通信产业的标准是通过系统、终端、服务、网络等众多技术领域的技术与合作以及调整来设定。

另一方面，最近与追求国际单一标准不同，出现了一种生态系统的竞争。它超越了国家与个别企业的简单区分，而由供给方和消费者结合为一种生态系统，而主导这一系统的企业通过各自的供应交易网开展竞争与合作。

技术的变化速度正在加快，对于标准的决策也要考虑技术进化的方向性，要求灵活性与验证过程。国际标准机构承认多个标准并存，在尖端技术领域的国际标准选择上也认识到了市场竞争的重要性。因此国家是否值得全力以赴特定标准需要更加慎重的判断。

韩中日三国已经在强化标准化合作，主要通过政府间标准合作会议-该会议被认为在建立东亚地区单一经济圈中起到中枢作用，以及标准专家出席的东北亚标准合作论坛进行。在信息通信领域三国政府间合作自2002年以来提升为部长级别会议，以后定期举办了韩中日ICT部长会议。其中对于下一代移动通信领域的标准合作始终是主要议题，专门为信息通信相关标准化成立了韩中日IT标准合作会议，增进了韩中日友好关系并成为推进东亚型信息通信国际标准的基础

国家间标准不同主要根据各国过去采用的技术规格差异而形成，不是简单统一就能统一的问题。但是如果标准一致，则可以带动产业发展、搞活贸易，也有可能还原为消费者利益。因此，进行东亚市场整合或共同体设想时不可能绕过技术标准问题。今后韩中日FTA得到进一步讨论时，为撤销技术贸易壁垒及三国贸易促进方案，韩中日技术标准合作的作用将会得到更大的关注。

韩中日第二代(2G)移动通信分为三个阵营，而第三代(3G)与第四代(4G)的主导标准通过欧洲标准(W-CDMA、LTE)一同扩散，其中中国又有推进单独标准化的趋势，因此在东亚在欧洲式统一的制度努力上还没有显著成果。但是今后超四代(Beyond 4G)移动通信领域，通过技术进步带来硬件统一的可能性增大，因此在保有最尖端高附加价值服务普及的日本以及保有世界零部件及成品制造企业的韩国，加上具有最大移动通信市场的中国，三国在技术规格上实现连带的空间在扩大。

另一方面，考虑到网络型标准生态系统竞争，国家既要避免全力以赴单一标准，还要从中长期角度探讨今后在韩国和日本可能普及的高速移动通信技术规格的共同应对，扩大东亚式移动通信技术标准的公分母。

值得瞩目的是，韩中日三国在政治关系冷却时也以建立共同体建筑为目标推进了信息通信领域技术标准及政策层次的合作。但需要注意的是，通信领域的共同体不会仅仅停留于东亚范围，还要像欧洲GSM、LTE一样，追求开放性与全球性扩散。

在共同研发及标准化合作中，除了前述移动通信领域超四代(Beyond 4G)技术以外，为实现高信赖度云计算的信息通信技术、可代替目前因特网(Qos、网络安全等问题)的未来网络(future network)领域等亦可进行合作。

3) 开拓科技新领域项目：卫星导航系统领域

为保障国民生活安全，国家有任务在长期规划上持续推进广泛的研发并积累成果。对于这类研发课题，主要国家都将其作为与国家生存紧密相关的项目而强力推进。

在这一领域的韩日合作中，具体可在航天运输或卫星开发及利用相关技术、地理空间信息相关技术、以及下一代核反应堆相关核能技术、核聚变相关研发等作为重要课题来推进。这些领域为国家利益所必须，但需要投入巨额资金且不确定性高，是个别企业难以投入研发的部门。因此可以通过韩日共同研究分散风险，同时期待通过互相交换多种创意而起到协同效应。

全球主要国家都在关注作为国家安全与经济产业发展基础的独立卫星观测系统的重要性与发展潜力。在国际上具有重大影响力的美国GPS(Global Positioning System)、与GPS相似，通过俄罗斯本土技术推进并运营的俄罗斯GLONASS(Global Navigation Satellite System)、处于验证实验阶段的欧盟GNSS(Global Navigation Satellite System, 亦称Galileo Project)、以及中国的COMPASS(Compass Navigation Satellite System, 亦称北斗卫星导航系统)也正在建立系统并进行部分的试运行。

如上所述，由于该技术由于是国家安全与经济产业发展的基础，国际上主要国家都在自行开发卫星导航系统上投入巨大精力。定位技术已经通过汽车导航等深入我们的日常生活中，并多方应用到交通物流领域等国家基础建设部门。加上智能手机的普及，定位信息的商业价值还在逐渐增加中。

这种情况下，美国独家提供的GPS信息发生问题时所受的损失重大，因此自行研发卫星导航系统的重要目的是克服由于社会基础完全依赖GPS而发生的危险。当然，自行研发导航系统也意味着抢先占领世界导航系统市场，在今后接收终端或相关器材、信息处理软件等巨大市场上获得优势。

准天顶卫星导航系统(QZSS：Quasi Zenith Satellite System)是日本推进的区域定位卫星系统，可发展至韩国以及整个亚洲、大洋洲地区。QZSS对现有GPS具有完善并加强的功能。完善功能是说在不能充分确保GPS可视卫星数的地区也能进行定位，加强功能是说能在次米级或厘米级单位高精度定位。QZSS作为日本自行研发的国家基础建设，日本政府设定其为航天领域的最优先政策课题，以2018年开始运营为目标推进课题。

韩国与日本通过合作共同利用这一项目，则能够在韩国与日本提供比GPS更为优秀且精确的卫星导航定位信息。地理上相连的韩日通过合作开发高精度定位信息利用技术，可对于两国城市建筑密集地区完善加强GPS，提供更加优秀精确的卫星导航信息。尤其在东亚与其他发展中国家利用于防灾领域、无人农业作业、交通物流等领域，把重点放在人员"安全"上进行面向未来的韩日合作。这在区域层次提供公共品的意义上也是具有意义的合作。

4. 韩日技术合作今后推进方向

韩日经济关系中竞争与协助并存，今后有望通过自由的贸易与投资，强化两国市场整合度。同时，韩日各自提升基础研究能力的背景下，通过共同开发基础技术等发达国家间的"北北型"技术合作项目也将增加。

一直以来，日本在亚洲单方面提供技术，但今后不仅有韩国还有各个新兴国家都有可能参与进来。在这一点上，韩日首先完善能够采取开放技术战略的环境与制度意义重大。

但是在民间层次的韩日技术合作进一步发展过程中还存在问题。首先，包括韩日企业间在内，知识产权领域的国际纠纷频发，并以大规模形式发生。如果要像欧洲等地区一样，利用民间企业技术力量促进"北北型"韩日技术合作，对知识产权制度的完善与高水平的保护将非常重要。

同时，韩国与日本在完善包括中国在内的东亚全体的知识产权上需要开展主导性合作，提供制度上的基础设施。进而，需要摸索确保人力资源流动以及各种资格统一等国内制度的整合性，强化功能性合作的方案。

另一方面，韩国完全转换为支援国后，韩日两国都在推进对后发国家的政府间经济合作或技术合作。此时，韩日两国为解决东亚发展中国家共同具有的课题(改善生活质量)，需要共同推进提供公共品的技术合作。这一领域中，韩日所具有的南北型经济合作时代的共同资产，例如树立经济规划以及能力培养(capacity building)等理念、完善并维护及运营基础设施、环境对策、BHN(basic human needs)均衡，适于全球化的广义产业政策立案等上都可以进行支援国间的合作。

从现实上角度看，由于新兴市场得到重视，利用官方开发援助承揽基础建设项目等商业上的竞争也开始显露，有些方面并未能有效利用宝贵的共享资产。但通过竞争与协助均衡推进公共品提供型技术合作本身，就是通过共享成功经验构筑韩日两国信任的过程，本身就应该认为是面向未来的关系。

韩日新时代共同研究委员名单

韩国委员

委员长	河英善	东亚研究院理事长、首尔大学政治外交学部名誉教授
干事	李元德	国民大学国际学部教授
研究委员	金基石	江源大学政治外交学系教授
〃	金良姬	大丘大学经济学系教授
〃	金雄熙	仁荷大学国际通商学部教授
〃	金浩燮	中央大学国际关系学系教授
〃	文兴镐	汉阳大学国际大学院教授
〃	朴荣濬	国防大学教授
〃	朴喆熙	首尔大学国际大学院教授
〃	孙洌	延世大学国际学大学院教授
〃	尹德敏	国立外交院院长
〃	李淑锺	成钧馆大学国政管理大学院教授
〃	张济国	东西大学校长
〃	全在晟	首尔大学政治外交学部教授
〃	全镇浩	光云大学国际学部教授
〃	洪锺豪	首尔大学环境大学院教授

日本委员

委员长	小此木政夫	九州大学特聘教授、庆应义塾大学名誉教授
干事	西野纯也	庆应义塾大学法学部副教授
研究委员	小川英治	一桥大学大学院商学研究科教授
〃	木村福成	庆应义塾大学经济学部教授
〃	国分良成	防卫大学校长
〃	小珍进	静冈县立大学国际关系学部教授
〃	儿失野玛丽	北海道大学大学院院法学研究科教授
〃	泽田康幸	东京大学大学院经济学研究科教授
〃	添谷芳秀	庆应义塾大学法学部教授
〃	田所昌幸	庆应义塾大学法学部教授
〃	中西宽	京都大学大学院法学研究科教授
〃	长冈贞男	一桥大学创新研究中心教授
〃	平岩俊司	关西大学国际学部教授
〃	深川由纪子	早稻田大学政治经济学术院教授
〃	村田晃嗣	同志大学校长
〃	药师寺泰藏	公益财团法人世界和平研究所理事、研究顾问

한울아카데미 1930

新时代韩日合作
七大核心课题

© 한일 신시대 공동연구 프로젝트, 2016

지은이 한일 신시대 공동연구 프로젝트
펴낸이 김종수
펴낸곳 한울엠플러스(주)
편집 신순남

초판 1쇄 인쇄 2016년 10월 31일
초판 1쇄 발행 2016년 11월 14일

주소 10881 경기도 파주시 광인사길 153 한울시소빌딩 3층
전화 031-955-0655
팩스 031-955-0656
홈페이지 www.hanulmplus.kr
등록번호 제406-2015-000143호

Printed in Korea.
ISBN 978-89-460-5930-6 93340

※ 책값은 겉표지에 표시되어 있습니다.